सतरंगिनी

सतरंगिनी

हरिवंशराय 'बच्चन'

राजपाल

इस पुस्तक का पहला संस्करण भारती भंडार, प्रयाग से, तथा दूसरा और तीसरा संस्करण सेंट्रल बुक डिपो, इलाहाबाद से प्रकाशित हुआ था।

ISBN : 9788170287971

संस्करण : 2014

SATRANGINI (Poetry) by Harivanshrai 'Bachchan'

राजपाल एण्ड सन्ज़

1590, मदरसा रोड, कश्मीरी गेट-दिल्ली-110006

फोन: 011-23869812, 23865483, फैक्स: 011-23867791

e-mail : sales@rajpalpublishing.com

www.rajpalpublishing.com

www.facebook.com/rajpalandsons

अपने पाठकों से
(चौथे संस्करण के लिए)

मुझे बड़ी प्रसन्नता है कि मेरी 'सतरंगिनी' का चौथा संस्करण मेरे नए प्रकाशक के यहाँ से निकलने जा रहा है। इस संस्करण में कविताओं के मूल-पाठ में कोई विशेष परिवर्तन नहीं किया गया; केवल एक शब्द बदला गया है ('नागिन' शीर्षक कविता के 11वें पद में चिर' के स्थान पर 'अति') और पिछले संस्करण की प्रूफ की गल्तियाँ ठीक कर दी गई हैं। 'सतरंगिनी' में 50 कविताएँ हैं। एक प्रवेश गीत है; शेष 49 कविताएँ सात-सात कविताओं के सात खण्डों में विभक्त हैं—पहला खण्ड, दूसरा खण्ड आदि। इस बार प्रेस-कापी तैयार करते हुए 'खण्ड' शब्द मुझे कुछ खटका और मैंने उसे 'रंग' कर दिया; 'सतरंगिनी' के सात रंग, प्रत्येक रंग के सात गीत, उसके सात 'शेड'—उसकी सात क्रम-कान्तियाँ। आशा है, यह संशोधन आपको पसन्द आएगा।

'सतरंगिनी' के पिछले तीन संस्करणों के साथ किसी प्रकार की प्रवेशिका, प्रस्तावना अथवा भूमिका नहीं थी, और उनके अभाव में मैं नहीं समझता कि मेरे भावप्रवण पाठकों को मेरी कविताएँ समझने अथवा उनका आनन्द लेने में किसी प्रकार की बाधा उपस्थित हुई। कविता समझने के लिए कुछ ज्ञान, कुछ अनुभव, कुछ कल्पना की आवश्यकता होती है। प्रत्येक पाठक किसी न किसी अंश में उन्हें लेकर ही कविता के पास आता है। अधिक सचेत पाठक अपने साथ लाई सामग्री को ही पर्याप्त समझता है, और प्रायः इस बात को नापसन्द करता है कि उसके और उसकी कविता के बीच कोई और आए; भले ही वह उसका रचयिता ही क्यों न हो। मैं अपने पाठकों की इस प्रवृत्ति को पहचानता रहा हूँ, और इसीलिए मैं उनके सामने केवल अपनी कविता रखता रहा हूँ। हाँ मेरे कुछ पाठक यह अवश्य चाहते रहे हैं कि कविताएँ पढ़ने के बाद यदि उनकी जिज्ञासा किसी दिशा में जागे

तो मैं उसे शान्त करूँ, और यह मैं, उनसे साक्षात्कार होने पर मौखिक रीति से, अथवा यदि वे दूर हुए तो, पत्र-व्यवहार द्वारा बराबर करता रहता हूँ। लेखक के नाते इसे मैं अपना कर्तव्य मानता हूँ कि मैं अपने पाठकों की जिज्ञासा का आदर करूँ, मेरी कविता को पढ़कर यदि उनके मन में कोई प्रश्न उठता है तो मैं उसका उत्तर दूँ, यदि उसके सामने कोई समस्या खड़ी होती है तो मैं, अपनी योग्यता और क्षमता की सीमा में ही सही, उसका समाधान सुझाऊँ। वे अपने श्रम से अर्जित पैसे खर्च कर मेरी पुस्तकें खरीदते हैं, उन्हें पढ़ने में अपना समय लगाते हैं और मुझे समझने में अपनी बुद्धि और हृदय का सहयोग देते हैं। वे मेरी साँकल खटकाते हैं, मुझे उठकर दरवाज़ा खोलना ही चाहिए।

इन पंक्तियों में जो मैं कहने जा रहा हूँ वह 'सतरंगिनी' की कविताओं की कोई विस्तृत पूर्व-पीठिका नहीं; पूर्व-पीठिका के रूप में यदि मैं कुछ कहना चाहता हूँ तो वह केवल यह है कि आप 'सतरंगिनी' पढ़ने के पूर्व 'मधुशाला', 'मधुबाला', 'मधु कलश' और 'निशा निमन्त्रण', 'एकान्त संगीत', 'आकुल अन्तर' पढ़ लें; यदि आप अधिक सचेत पाठक हों तो मैं कहूँगा कि आप मेरी 'प्रारम्भिक रचनाएँ' और 'खैयाम की मधुशाला' भी पढ़ लें। रचना-क्रम में पढ़ने से रचयिता के विकास का आभास होता चलता है, साथ ही प्रत्येक रचना उसके बाद आने वाली रचना की पूर्वपीठिका बनती जाती है और उसे ठीक समझने में सहायक सिद्ध होती है; यों मैं जानता हूँ कि साधारण पाठक के मन में किसी लेखक की रचनाओं को किसी विशेष क्रम में पढ़ने का आग्रह नहीं होता। मान लीजिए, 'सतरंगिनी' मेरी पहली रचना है जो आपके हाथों में आती है, तो आपको यह कल्पना तो करनी ही होगी कि वह कवि जीवन की किस स्थिति, किन मनःस्थिति में है जो ऐसी कविताएँ लिख रहा है। कविताओं की साधारण समझ-बूझ के लिए इससे अधिक आवश्यक नहीं, पर उनका मर्म वही हृदयंगम कर सकेगा जो पूर्व रचनाओं की अनुभूतियों को अपनी सहानुभूति देता हुआ आएगा। सम्भव है 'सतरंगिनी' के पहले की अथवा बाद की रचनाएँ कभी आपके हाथों में पड़ जाएँ। उस समय मैं इतना ही चाहूँगा कि उसे आप मेरे क्रम-विकास में ठीक स्थान पर रखकर देखें। 'आकुल अन्तर' की स्थिति से 'सतरंगिनी' की स्थिति में आना तो स्वाभाविक है, पर 'सतरंगिनी' की स्थिति से 'निशा निमन्त्रण' अथवा 'एकान्त संगीत' की स्थिति में जाना सम्भव नहीं। जो साहित्य के पारखी हैं वे अभिव्यंजना एवं शैली के विकास-क्रम से ही जीवन-क्रम की सही परिकल्पना कर सकते हैं। साधारण पाठकों के लिए रचना-तिथियों को ध्यान में रखना कठिन नहीं होना चाहिए। इतनी प्रत्याशा तो मैं अपने पाठकों

से करना ही चाहूँगा कि मेरे भाव-विचारों की जो मूर्ति वे अपने मन में बिठाएँ वह अपने अंगों में सहज, स्वाभाविक और सक्रम हो, न कि उलटी-पुलटी, कृत्रिम और क्रमविहीन, हालाँकि ऐसा करने से हानि उन्हीं की होगी, उन्हीं के दिमाग पर अधिक भार पड़ेगा, उन्हीं के मस्तिष्क को एक विपर्यय का तनाव अनुभव करना होगा। मनुष्य को कला, साहित्य, कविता के प्रति विकृत धारणा रखने का बड़ा महँगा मूल्य चुकाना पड़ता है।

मैं अपने यौवन काल से अपनी अनुभूतियों और कल्पनाओं को निरन्तर मुखरित करता रहा हूँ, इस कारण मेरे जीवन और मेरे वाङ्मय की गति प्रायः समानान्तर चली है। मुझे रचना-क्रम में पढ़ना, मेरे विकास को सहज समझना, मेरे साथ—यदि आप मुझे पूरी सहानुभूति दे सकें तो—एक विकास-क्रम से स्वयं गुज़रना है। शायद कविता इसी प्रक्रिया से संस्कारों को बनाने और उन्हें सँवारने में सहायक होती है।

किसी कवि की रचना में रुचि रखने वाले उसके समकालीन पाठक बिना किसी विशेष प्रयास के उसकी एक के बाद दूसरी आने वाली रचनाओं को समझने के लिए यदि किसी विशेष सन्दर्भ की आवश्यकता हुई तो भी वह उन्हें कवि से परिचय, कवि के परिचितों से सम्पर्क, कवि सम्बन्धी लिखित अथवा मौखिक चर्चा से मिल जाता है। बाद को आने वाले पाठकों को, ज़ाहिर है, यह सुविधा नहीं मिल पाती। मेरा लेखन-काल लगभग चालीस वर्षों का है; मेरी पुरानी रचनाओं के पाठकों की एक नई पीढ़ी ही अब सामने आ गई है जो उन सन्दर्भों से बिल्कुल अनभिज्ञ है जो मेरी पुरानी रचनाओं को समझने के लिए किसी अंश में आवश्यक था। मेरे नए पाठकों का वर्ग बढ़ गया है और दूर-दूर तक फैल गया है, उसका सम्पर्क मुझसे अथवा मेरे परिचितों से भी दूर की बात हो गई है, मेरे बारे में जो चर्चाएँ चलती थीं वे भी अब समाप्त हो गई हैं और उन्हें दुहराते नहीं रहा जा सकता। समाप्त जो नहीं हुई है वह है मेरी कविता के प्रति लोगों की रुचि, पर अब वह कविता अपने परिवेश से कटी, अकेली है, और नए लोगों के लिए कभी-कभी वह एक पहेली-सी भी प्रतीत होती है। अपनी कविता के प्रति बिल्कुल चुप रहकर पहले भी, मैं समझता हूँ, मैंने अपने पाठकों को अपनी कल्पना पर बहुत ज़ोर डालने को बाध्य किया था। नए पाठक अपनी कल्पना से किसी गलत परिणाम पर भी पहुँच सकते हैं। यही कारण है कि मैंने अपने काव्य-संग्रहों के पाँचवें-छठे या और बाद के संस्करणों में पहली बार 'अपने पाठकों से' शीर्षक से भूमिकाएँ दी हैं कि मेरे नए पाठकों को इनके द्वारा रचना का समुचित सन्दर्भ मिल सके। इनसे यह नतीजा निकालना गलत होगा कि मुझे अपनी कविता की आत्मनिर्भरता के प्रति

अविश्वास हो गया है अथवा यह कि मैं ऐसा समझने लगा हूँ कि बिना मेरी व्याख्या के मेरी कविता का कथ्य अविकल रूप से मेरे पाठकों तक नहीं पहुँच सकता। व्याख्याएँ मैंने नहीं दीं। देना अपनी कविताओं की कमज़ोरी स्वीकार करना होता। मुझे सन्तोष है कि मेरी कविताओं में यह कमज़ोरी नहीं। वे आज भी सीधे मेरे पाठकों तक पहुँचती हैं। इन भूमिकाओं का लक्ष्य सीमित है—एक तो रचना को उसके सही परिवेश में रख देना और दूसरे उन प्रश्नों पर प्रकाश डालना जिनके विषय में मेरे पाठकों की जिज्ञासाएँ रही हैं; सम्भव है, वैसी ही जिज्ञासाएँ अन्य पाठकों की भी हों। (देखिए 'साप्ताहिक हिन्दुस्तान', 27 नवम्बर, 1966, पृ. 13—डा. रणवीर रांग्रा से मेरी भेंट-वार्ता)

जो लोग मेरे 'निशा निमन्त्रण', 'एकान्त संगीत', 'आकुल अन्तर' से परिचित हैं वे जानते होंगे कि ये मेरे उस काल की अभिव्यक्तियाँ हैं जब मेरे जीवन की दुर्दम परिस्थितियों ने मुझे पीड़ा, वेदना, निराशा, अवसाद, विषाद, अन्धकार, एकाकीपन, जीवन की लक्ष्यहीनता को प्राणों की तरह अपनाने को विवश कर दिया था :

जानता यह भी नहीं मन,
कौन मेरी थाम गर्दन
है विवश करता कि कह दूँ, व्यर्थ जीवन भी, मरण भी!
स्वप्न भी छल, जागरण भी! (निशा निमन्त्रण)

एक दिन जो पूरी मधुशाला का मालिक था ('मैं ही मालिक-मधुशाला हूँ'), जिसके संकेतों पर मधुबालाओं की कतारें मदिरा की बौछारें कर देती थीं ('मधुवर्षिणि, मधु बरसाती चल!') जिसकी जादुई उँगलियों को छूकर मृत-मूक-जड़ मधुघट और प्यालों में जीवन लहराने लगता था ('मुझको छूकर मधुघट छलके, प्याले मधु पीने को ललके।') जिसे सुन्दर साक़ी और मदमस्त पीने वाले भुजपाशों में भरते न थकते थे ('एक समय पीने वाले-साक़ी आलिंगन करते थे।'), और जिसके मस्ती के तरानों से जन-जन का अन्तर ध्वनित-प्रतिध्वनित हो रहा था ('भर दिया अम्बर-अवनि को मत्तता के गीत गा-गा।') वही अब कह रहा था :

अब वे मेरे गान कहाँ हैं!
टूट गई मरकत की प्याली,
लुप्त हुई मदिरा की लाली,
मेरा व्याकुल मन बहलाने वाले अब सामान कहाँ हैं!

(निशा निमन्त्रण)

मधुबाला का राग नहीं अब,
अँगूरों का बाग नहीं अब,
अब लोहे के चने मिलेंगे, दाँतों को अज़माओ!
आगे हिम्मत करके आओ! (एकान्त-संगीत)

इतना ही नहीं–

विष का स्वाद बताना होगा!
ढाली थी मदिरा की प्याली,
चूसी थी अधरों की लाली,
कालकूट आने वाला अब, देख नहीं घबराना होगा।
(एकान्त-संगीत)

(इस 'कालकूट' की अभिव्यक्ति बाद को मेरी रचना 'हलाहल' में हुई।)

इन बदली हुई क्रूर, कठोर और भयंकर परिस्थितियों में, जो भारी चट्टान बनकर मेरी छाती पर बैठी हुई थीं, मैंने जो गाया-लिखा उसकी सैकड़ों पंक्तियाँ मेरे कानों में गूँज गई हैं :

अन्तरिक्ष में आकुल-आतुर,
कभी इधर उड़, कभी उधर उड़,
पंथ नीड़ का खोज रहा है पिछड़ा पंछी एक अकेला !

•

हँस रहा संसार खग पर
कह रहा जो आह भर-भर–
'लुट गए मेरे सलोने नीड़ के तृण-पात!' साथी!
प्रबल झंझावात, साथी!

•

तम ने जीवन-तरु को घेरा।
टूट गिरीं इच्छा की कलियाँ,
अभिलाषा की कच्ची फलियाँ,
शेष रहा जुगनू की लौ में आशामय उजियाला मेरा।

•

आओ, सो जाएँ, मर जाएँ,
स्वप्नलोक से हम निर्वासित,
कब से गृह-सुख को लालायित,
आओ, निद्रा-पथ से छिपकर हम अपने घर जाएँ।

और स्वप्न ही नहीं, कुछ बड़ा प्रिय और निकट सत्य भी टूट गया था।

सत्य मिटा, सपना भी टूटा,
संगिनी छूटी, संगी छूटा,
कौन शेष रह गई आपदा जो तू मुझपर लाने वाली।
रो अशकुन बतलाने वाली

और उस सूनेपन में कवि जिन्हें सम्बोधित करता था वे थे, आकाश, तारे, बादल।

आज मुझसे बोल बादल!
तम भरा तू, तम भरा मैं,
गम भरा तू, गम भरा मैं;
आज तू अपने हृदय से हृदय मेरा तोल, बादल!

और नए वर्ष पर भी, जब सारी दुनिया पुराने को भूलकर हर्ष और उल्लास के नव अभियान का स्वप्न देखती है, मेरे अन्तर से यही फूटा था,

उठो मिटा दें आशाओं को,
दबी, छिपी अभिलाषाओं को,
आओ, निर्ममता से उर में यह अन्तिम संघर्ष मना लें।
आओ, नूतन वर्ष मना लें।
हुई बहुत दिन खेल-मिचौनी,
बात यही थी निश्चित होनी,
आओ, सदा दुखी रहने का जीवन में आदर्श बना लें।

लेकिन जीवन में सदा दुखी रहने का आदर्श नहीं बनाया जा सकता। यह जीवन की प्रवृत्ति के प्रतिकूल है। जीने वाले के लिए यह अस्वस्थ है, अस्वाभाविक भी है। ऋषियों की अमर वाणी अब भी गूँजती है, 'तमसो मा ज्योतिर्गमय, मृत्योर्मा अमृतंगमय'। मैं भी तमिस्रा से, मरण से, पूरी तरह जूझकर ज्योति की ओर, जीवन की ओर जाने को ही भीतर-ही-भीतर संघर्ष कर रहा था। मुझे अंधड़ और आँधियों ने बहुत झिंझोड़ा, बहुत तोड़ा था, पर वे मुझे झुका नहीं सकी थीं; मेरे अन्दर कहीं इस्पात की ऐसी शलाका थी जो मुड़ नहीं सकती थी; इसी ने मुझे सँभाला, सुस्थिर रखा, बचाया, जिलाया। मेरे अवसाद के गीतों में प्रायः मेरा यह पक्ष नहीं देखा गया, पर उसे न देखना मुझे गलत देखना है; मैं कहूँगा, बिल्कुल अनदेखा करना है।

क्षतशीश मगर नतशीश नहीं!
(भज्येतापि न संनमेत–महाभारत)

•

पहाड़, टूटकर गिरा,
प्रलय पयोद भी घिरा,
मनुष्य है कि देव है
कि मेरुदण्ड है तना!
अजेय तू अभी बना!

•

तू न थकेगा कभी!
तू न थमेगा कभी!
तू न मुड़ेगा कभी!—कर शपथ, कर शपथ, कर शपथ!
अग्नि पथ! अग्नि पथ! अग्नि पथ!

झुकी हुई अभिमानी गर्दन,
बँधे हाथ, नत निष्प्रभ लोचन,
यह मनुष्य का चित्र नहीं है, पशु का है रे कायर!
प्रार्थना मत कर, मत कर, मत कर!
(संतो दिगू जलमाकाशं गौरन्नं प्रार्थना विषम)—(महाभारत)

और जिसने लिखा था, 'आओ, सो जाएँ मर जाएँ!' वह अपने मरण में भी यह अरमान रखता था—

जीवित भी तू आज मरा-सा,
पर मेरी तो यह अभिलाषा,
चिता निकट भी पहुँच सकूँ मैं अपने पैरों-पैरों चलकर।

और यह अभिलाषा एक दर्जे पर दुर्द्धर्ष आत्मविश्वास में भी परिणत हो चुकी थी—

दुनिया अब क्या मुझे छलेगी!
शेष अभी है मुझमें जीवन,
वश में है तन, वश में है मन,
चार कदम उठकर मरने पर मेरी लाश चलेगी!

'निशा निमन्त्रण' से चलकर 'आकुल अन्तर' तक आते-आते मैंने अपने जीवन की अगली मंज़िल का आभास पा लिया था।

यहीं नहीं यह कथा खतम है,
मन की उत्सुकता दुर्दम है,
चाह रही है देखे आगे,
ज्योति जगी या सोया तम है,

रोक नहीं तू इसे सकेगा,
यह अदृश्य का है आकर्षण!
जीवन का यह पृष्ठ पलट, मन!

साथ ही मैंने यह भी निर्मम अनुभूति की—

कालक्रम से, नियति-नियम से,
आत्म भ्रम से
रह न गया जो, मिल न सका जो,
सच न हुआ जो
प्रिय जन अपना, प्रिय धन अपना,
अपना सपना,
उन्हें छोड़कर जीवन जितना,
उसमें भी आकर्षण कितना!

और मैंने अपने नवचेता गीतकार से यह माँग की—

घोषणा करे इसका गायक,
जीवन है जीने के लायक,
जीवन कुछ करने के लायक,
जीवन है लड़ने के लायक,
जीवन है मरने के लायक,
जीवन के हित बलि कर जीवन।

जिसने जीवन की भी व्यर्थता एक दिन देखी थी वह मरण की सार्थकता भी अब समझने लगा था।

'सतरंगिनी' तम-भरे, गम-भरे बादलों के ऊपर इन्द्रधनुष रचने का प्रयास है—अवसाद के अन्धकार से प्रसन्नता की रंगच्छटा में आने का।

काले घनों के बीच में,
काले क्षणों के बीच में,
उठने गगन में, लो लगी,
यह रंग-बिरंग विहंगिनी!
सतरंगिनी, सतरंगिनी!

जो विहंगम आह भर-भर कहता था कि 'लुट गए मेरे सलोने नीड़ के तृण-पात, साथी', वह अब 'नीड़ का निर्माण फिर-फिर!' गाता हुआ तिनके एकत्र करता है :

एक चिड़िया चोंच में तिनका
लिए जो जा रही है,
वह सहज में ही पवन,

उंचास को नीचा दिखाती,

•

नाश के दुख से कभी
दबता नहीं निर्माण का सुख,
प्रलय की निस्तब्धता से
सृष्टि का नव गान फिर-फिर!

(प्रसंगवश यह बतला दूँ कि 'सतरंगिनी' का 'निर्माण' शीर्षक गीत श्री बनारसीदास चतुर्वेदी को बहुत पसन्द आया। उन्होंने इसे मेरी हस्तलिपि में लिखाकर मँगाया और उसका ब्लाक बनवाकर 'मधुकर' में छपाया, उसके 'रिप्रिन्ट्स' बहुत-से लोगों को भेजे। इतना ही नहीं, उन्होंने मुझसे यह भी लिखाया कि किन परिस्थितियों में मैंने यह गीत रचा था। कुछ और लोगों को भी ऐसी जिज्ञासा हो सकती है, इसलिए मैं वह टिप्पणी जो चतुर्वेदी जी ने हिन्दी 'आजकल', मई 1957 में प्रकाशित कराई थी, इस पुस्तक के परिशिष्ट-1 में दे रहा हूँ।)

इसी प्रकार जो जुगनू एक दिन आशामय उजियाले का अवशेष मात्र लगा था, वह विध्वंस के बीच निर्माण की आशा का प्रतीक बन जाता है :

प्रलय का सब समाँ बाँधे
प्रलय की रात है छाई,
विनाशक शक्तियों की इस
तिमिर के बीच बन आई
मगर निर्माण में आशा
दृढ़ाए कौन बैठा है?
अँधेरी रात में दीपक
जलाए कौन बैठा है?

जिसने एक दिन अपने साथी से कहा था, 'उठो, मिटा दें आशाओं को', वही अब अपने से कहता है :

सुन, यदि तूने आशा छोड़ी,
तो अपनी परिभाषा छोड़ी,
तुझे मिली थी यह अमरों की केवल एक निशानी।
मानी, देख न कर नादानी।

और जिसने नव वर्ष पर भी सदा दुखी रहने का आदर्श बनाना चाहा था,

वही अब गाता है—

वर्ष नव,
हर्ष नव,
जीवन उत्कर्ष नव!
गीत नवल
प्रीति नवल
जीवन की रीति नवल!
जीवन की नीति नवल!
जीवन की जीत नवल!

संक्षेप में 'सतरंगिनी' अन्धकार के ऊपर प्रकाश, विध्वंस के ऊपर निर्माण, निराशा के ऊपर आशा और मरण के ऊपर जीवन की जीत का गीत है। यह कोई सस्ता आशावाद नहीं। यह 'अश्रु, स्वेद, रक्त' का मूल्य चुकाकर उपलब्ध किया गया है।

इसने मेरा स्वर ही नहीं बदला; इसने मेरा जीवन भी बदला। जीवनवृत्त लिखने का ध्येय तो इन गीतों में नहीं रहा, पर उसकी तीव्रतम स्थितियों के संकेत-बिन्दु जहाँ-तहाँ हैं, जिन्हें अपनी कल्पना से जोड़कर एक सूत्रबद्ध कहानी गढ़ लेना भाव-प्रवण पाठक के लिए कठिन नहीं है। यह काम उसके लिए रोचक भी हो सकता है। कविता में कुछ ऐसी खुली जगहें भी रहनी चाहिए जिन्हें पाठक अपनी कल्पना से भर सके। यह उसके काव्य-आस्वादन का एक अंग है। इसके कारण वह कविता का अक्रिय (पैस्सिव) प्राप्तकर्ता भर नहीं रहता, बल्कि उसके निरूपण में रचयिता का सक्रिय सहयोगी बन जाता है। इस प्रस्तावना में उन खुली जगहों को भरने का काम मैं नहीं करने जा रहा हूँ।

कुछ लोगों को मेरे स्वर का यह परिवर्तन संगत नहीं लगा। मैं अवसाद में डूब गया था तो मुझे उसी में डूबते चले जाना था। उससे निकलकर जैसे मैंने कोई अपराध किया । अवसाद के प्रति मनुष्य के आकर्षण को मैं समझता हूँ। वर्जिल ने लिखा था, 'सुन्त लैक्रिमे रेरुम' : 'देअर इज़ ए सेन्स आफ टियर्स इन थिंग्स ह्यू मन'—मानवता का सब कुछ अश्रु-स्नात ही है। भवभूति कहते हैं, 'एकोरसःकरुण एव'। शैली की यह पंक्ति प्रसिद्ध है, 'आवर स्वीटेस्ट सांगूस आर दोज़ दैट टैल आफ सैडेस्ट थॉट'। कभी मैंने इस विचार को इस प्रकार हिन्दी में पद्य-बद्ध किया था :

जिन गीतों में शायर अपना गम रोते हैं
वे उनके सबसे मीठे नगमे होते हैं

(खादी के फूल)

तो क्या अपने नगमों को मीठा बनाए रखने के लिए मैं अपने जीवन को गमगीन बनाए रखता? हमें इस प्रश्न का उत्तर देना होगा, जीवन कविता से परिचालित होगा या कविता जीवन से परिचालित होगी? मेरा स्पष्ट उत्तर है कि जीवन कविता से नहीं, कविता जीवन से परिचालित होगी, होनी चाहिए, होती है। सूनेपन और अन्धकार की अतल गहराइयों में डूबी हुई मेरी आत्मा को किरण-कलरव के आँगन से कोई दुर्निवार पुकार सुनाई पड़ चुकी थी और मैं उसकी अवहेलना नहीं कर सकता था :

यह इशारे हैं कि जिनपर
काल ने भी चाल छोड़ी,
लौट मैं आया अगर तो
कौन-सी सौगन्ध तोड़ी,
सुन जिसे रुकना असम्भव
यदि नहीं आह्वान तुम हो
कौन तुम हो?

शायद मेरे लौटने को कहीं अपराध समझने का ही परिणाम था कि डॉ. रणवीर रांग्रा ने एक भेंटवार्ता में मुझसे यह प्रश्न पूछा, '''सतरंगिनी' आपके जीवन में आए एक नए मोड़ को व्यक्त करती है। उसके कई गीतों में ध्वनित होता है कि उस मोड़ के प्रति आपके भीतर कहीं बहुत गहरे में कोई अपराध-भावना, या कहें अटक, काम कर रही है और आपका चेतन उस मोड़ को संगत ठहराने की बराबर चेष्टा कर रहा है, पर पूरी तरह सफल नहीं हो पा रहा है। उदाहरणार्थ यह पद उल्लेखनीय है :

"हाय वे साथी कि चुम्बक-
लौह-से जो पास आए,
पास क्या आए हृदय के
बीच ही गोया समाए,
वे गए तो सोचकर यह
लौटने वाले नहीं वे,
खोज मन का मीत कोई
लौ लगाना कब मना है?
है अँधेरी रात, पर
दीवा जलाना कब मना है?"

नए पाठकों को अपनी कल्पना से गलत परिणाम पर पहुँचने का यह एक उदाहरण है। उनके प्रश्न का जो उत्तर मैंने दिया उसे यहाँ अविकल दुहरा रहा हूँ :

"'सतरंगिनी' मेरे काव्य-जीवन में एक नया मोड़ उपस्थित करती है, यहाँ तक तो आपका कहना ठीक है। पर उस मोड़ के प्रति मेरे मन में कोई अपराध-भावना काम कर रही है, इसे मैं नहीं मानता। 'सतरंगिनी' के गीतों के द्वारा मैं 'निशा निमन्त्रण', 'एकान्त संगीत' और 'आकुल अन्तर' की अन्धकार और अवसादपूर्ण परिस्थिति के ऊपर उठा हूँ। अपराध तो होता उस अवसाद-विषाद-निराशा में डूबे रहना। ('आकुल अन्तर' की एक पंक्ति मुझे इस समय याद हो आई है—'तू एकाकी तो गुनहगार'।) अपने दुखशोक की अभिव्यक्ति तक तो ठीक और शायद स्वाभाविक भी है, पर यदि मैं उन्हें दुलारने लगता, जिसका खतरा भी था, तो मेरी भावना आत्मदया (सेल्फ पिटी) में बदल जाती और आत्म-दया को मैं सबसे बड़ा अपराध मानता हूँ।

लेकिन एकाकी से एकाकी घड़ियों में
मैं कभी नहीं बनकर अपना मोहताज रहा।

(आरती और अंगारे)

'अपना मोहताज' में मैं ध्वनि-श्लेष संकेत से इसी 'सेल्फ पिटी' की ओर इशारा कर रहा हूँ।"

मैं समझता हूँ कि जब मेरी जिजीविषा अन्धकार से प्रकाश की ओर गई, तब मेरे कवि ने 'सतरंगिनी' के गीतों में मुझे संभाला, मुझे बल दिया, मुझे प्रोत्साहन दिया। मैं सतरंगिनी के गीतों को अपने सबसे अधिक स्वस्थ गीतों में समझता हूँ। 'अपराध-भावना' आपने बहुत गलत शब्द इस्तेमाल किया है। मैं तो अपराध भी अपराध-भावना से नहीं करूँगा—उसे अपने तन-मन-प्राण की कोई अनिवार्य आवश्यकता ही समझूँगा।" (देखिए 'साप्ताहिक हिन्दुस्तान', 27-11'66)

रही गम के नगमों की मिठास की बात, उससे सहमति और उसकी स्वीकृति का सबूत मेरे पाठकों ने भी दिया है। जबकि 'निशा निमन्त्रण', 'एकान्त संगीत' और 'आकुल अन्तर' के अब तक क्रमशः नौ, सात और छह संस्करण हो चुके हैं, 'सतरंगिनी' के केवल चार संस्करण हुए हैं। मेरे पाठक मुझे क्षमा करेंगे यदि मैं कहूँ कि मैं अपने सृजन के प्रति उनकी प्रतिक्रिया की बड़ी कद्र करता हूँ, फिर भी अपने जीवन का दिशा-निर्देश मैं उससे न लूँगा। मेरे नव सृजन के स्वर के सम्बन्ध में अपनी राय रखने के लिए वे सर्वदा स्वतन्त्र हैं।

'सतरंगिनी' के गीतों के सन्दर्भ और परिवेश के सम्बन्ध में इतना ही पर्याप्त है। अब कुछ 'सतरंगिनी' सम्बन्धी जिज्ञासा के सम्बन्ध में—

'सतरंगिनी' के सम्बन्ध में मेरे पाठकों ने मुझसे जो प्रश्न पूछे हैं वे प्रायः ऐसे नहीं रहे जिनका उत्तर वे स्वयं अपनी कल्पना से न दे सकें। कुछ प्रश्नों के व्यक्तिगत उत्तर ही उचित जान पड़ते हैं, वैसे मूल बात तो यह है कि भावनाओं को व्यक्तिगत सीमाओं से मुक्त करने के लिए ही कविता लिखी जाती है। यह और बात है कि मेरे बहुत-से पाठक मेरी कविता में रुचि लेने के साथ मुझमें रुचि लेना आरम्भ कर देते हैं। सामाजिकता और सौहार्द्र का अपना स्थान है, पर काव्य-रसास्वादन से उसका सम्बन्ध दूर का ही समझा जाना चाहिए।

यहाँ केवल एक विषय पर कुछ कहना चाहता हूँ, क्योंकि उसके सम्बन्ध में लोगों की अक्सर जिज्ञासा रही है, और उसे लेकर एक साप्ताहिक में कई वर्ष पहले कुछ लिखा-पढ़ी भी हुई है। जिज्ञासा मामूली थी, पर मेरी दृष्टि में वह मेरी रचना के मूल पर ही आघात करती थी; इसलिए मेरा उत्तर यदि कुछ विस्तृत हो तो आप क्षमा करेंगे।

'सतरंगिनी' के पहले रंग की सातवीं कविता है 'मयूरी'—'मयूरी, नाच, मगन-मन नाच!' 'सतरंगिनी' पर लिखी गई शुरू की समालोचनाओं में कतिपय पत्रों में, जहाँ तक मुझे स्मरण है, इस बात पर मेरी हँसी उड़ाई गई थी कि मैंने मयूरी के नाचने की बात लिखी है जबकि प्राकृतिक सत्य इसके विपरीत है; यानी मयूरी नाचती ही नहीं। मैंने इसकी ओर कोई ध्यान नहीं दिया, सोचा, मयूरी को नचाकर जो गूढ़ बात मैंने कही है उसे समझने के लिए अभी कम ही समय मिला है। मेरे भावप्रवण और सहानुभूतिपूर्ण पाठक इसका रहस्य समझेंगे; पूर्वाग्रही पत्र-पत्रिकाओं के समालोचक तो गुण को भी दोष बनाकर दिखाते हैं, फिर जहाँ छिद्रान्वेषण की कोई गुँजाइश हो, वहाँ का क्या कहना!

मेरे कविता-प्रेमी आलोचना-मुखर नहीं हैं, पर मेरा विश्वास था कि कविता को अपना परिपूर्ण संवेदन देने के कारण, अनजाने ही वे 'मयूरी' से वही भाव ग्रहण कर रहे होंगे जिसे ध्यान में रखकर मैंने उसकी रचना की थी।

इधर 'मयूरी' की गीतात्मकता ने एक बंगाली संगीतकार का ध्यान आकर्षित किया। उसने—नाम शायद कुछ घोष था—इसकी स्वरलिपि तैयार की; और किसी समय कलकत्ता जाने पर मुझे वह गीत वाद्ययन्त्रों पर सुनवाया। मैं मुग्ध हो गया। घोष द्वारा संगीत-बद्ध मेरा वह गीत रेडियो पर आने लगा। थोड़े दिनों बाद गीत का बँगला रूपान्तर किया गया और वह भी उसी स्वर-लिपि में बैठ गया। कलकत्ता रेडियो से मैंने भी उसे कई बार सुना और लोगों ने भी हिन्दी अथवा बँगला में निश्चय 'मयूरी' वाला गीत सुना होगा।

'नाच रे ऽ मयूरा ऽ ऽ ऽ'—कुछ समय बाद एक दिन रेडियो पर बन्धुवर नरेन्द्र शर्मा का यह संगीत-बद्ध गीत सुनकर भाव-विभोर हो उठा। 'मयूरी नाच, मगन-मन नाच!' की धुन भी साथ ही कानों में गूँज गई। सोचने लगा, शायद नरेन्द्र ने मेरे गीत से प्रेरणा ली हो, शायद उन्होंने यह दिखाने को लिखा हो कि मयूर का नाचना ही प्राकृतिक सत्य है, शायद अपने गीत द्वारा उन्होंने मेरे गीत का पूरक उपस्थित किया हो। इसे मैं रेडियो वालों की कल्पना-हीनता ही कहूँगा कि उन्होंने इन दोनों गीतों को कभी साथ प्रस्तुत नहीं किया—कम से कम मैंने साथ नहीं सुना। दोनों गीत साथ सुनाए जाएँ तो ध्वनि के माध्यम से वे मयूर और मयूरी दोनों को साथ नाचते हुए प्रस्तुत कर दें। दोनों गीतों की गति, लय, ताल, छन्द में कितना अनुरूप अन्तर है! नरेन्द्र के गीत के स्वर-विस्तार में जैसे मयूर का पंख ही फैला-सा जाता है; मेरे गीत के स्वर-लाघव में पुच्छ-रहित मयूरी का पद-चापल्य सहज ही कल्पित किया जा सकता है। इन दोनों को एक-दूसरे का पूरक मानकर मन में एक विशेष उल्लास अनुभव करने का मेरा अपना एक कारण था। 'सतरंगिनी' में नर-नारी के आदर्श जोड़े के रूप में मैंने मयूर और मयूरी को ही प्रतीक माना है। मयूरी के नाचने अथवा न नाचने को जिन्होंने महत्त्व दिया है उनसे मेरी शिकायत यही है कि उन्होंने हाथी को नहीं देखा, सिर्फ उसकी पूँछ टटोली है। इस विषय पर विस्तार से आगे।

10 जुलाई, 1961 के साप्ताहिक 'सहयोगी' (कानपुर) में 'फीकी दूकान ऊँचा पकवान' शीर्षक के अन्तर्गत 'मयूरी, नाच, मगन-मन नाच' को उद्धृत कर साथ में उसकी एक पैरोडी प्रकाशित की गई। पैरोडीकार थे 'मंथरानंदन'। पैरोडी सटीक थी, और उससे मेरा मनोविनोद हुआ; मैंने पैरोडीकार को पत्र लिखकर अपनी प्रसन्नता व्यक्त की और उनके प्रति आभार प्रकट किया। पैरोडी एक प्रकार का साहित्यिक मनोरंजन है और उसके पीछे मूल कृति के प्रति किसी प्रकार की दुर्भावना देखना गलत बात है। साहित्यकारों की दुनिया गम्भीरों की दुनिया होकर भी मनहूसों की दुनिया नहीं है कि उसमें कभी हँसी-मज़ाक के अवसर न आएँ।

पर एक सप्ताह बाद, 17 जुलाई, 1961 के 'सहयोगी' में 'हिन्दी की चिन्दी' स्तम्भ के अन्तर्गत श्री वागीश शास्त्री ने 'निकषक' विचार-गोष्ठी में 'मयूरी' पर हुई चर्चा को इस प्रकार प्रस्तुत किया :

''निकषक की विचार-गोष्ठी में प्रमुख रूप से डॉ. हरिवंशराय बच्चन की कविता, 'मयूरी, नाच, मगन-मन नाच' से विचारों का शुभारम्भ हुआ। श्री बच्चन हिन्दी जगत के जाने-माने एवं महान यशोधन कवि हैं। श्री सच्चिदानन्द वात्स्यायन द्वारा सम्पादित 'रूपाम्बरा' में बच्चन जी की इस कविता को उनके काव्य-संकलन

'सतरंगिनी' से उद्‌धृत किया गया है, जो कि 'सहयोगी' के गतांक में भी 'फीकी दूकान ऊँचे पकवान' स्तम्भ के अन्तर्गत प्रकाशित है। 'रूपाम्बरा' प्रकृति के महान उपासक साहित्यकार श्री सुमित्रानन्दन पन्त की साठवीं वर्ष गांठ के अवसर पर उनके दीर्घायुष्य की कामना के साथ विभिन्न प्रकृति-काव्यों के गुरुतर संकलन के रूप में उन्हें समर्पित की गई है।

प्रकृति का सूक्ष्मेक्षण करने वाले कवि लिखना तो दूर मयूरी के नाचने की बात कभी सोच भी नहीं सकते, क्योंकि मयूरी कभी नाचती नहीं, मयूर नाचता है और मयूरियाँ उसके (मयूर) नृत्य को देखकर प्रफुल्लित होती हैं, सम्भव है उसी प्रफुल्लता को ही श्री बच्चन ने नृत्य समझ लिया हो या ध्वन्यर्थ में लिखा हो, फिर भी यह वर्णन सर्वथा असंगत ही कहा जायगा, क्योंकि संस्कृत व हिन्दी साहित्य में सर्वत्र मयूर को ही नर्तक माना गया है, मयूरी को नहीं...''

इसे पढ़कर मेरा माथा ठनका। मेरी कविता के प्रति जो असन्तोष यहाँ व्यक्त किया गया है वह उस पैरोडी से शायद असंबद्ध नहीं है। पहले वह पैरोडी के रूप में व्यक्त किया गया और अब गद्य लेख में। 'निकषक' के सदस्यों का असन्तोष जिस बात से था मैं उससे नहीं घबराया। मैं घबराया इस बात से कि 'मयूरी' को उसके सन्दर्भ से काटकर, उसे केवल प्रकृतिकाव्य मानकर, उसके संकेतार्थ की ओर ध्यान न देकर, उस कविता के प्रति बड़ा अन्याय किया जा रहा है; जिसे मैंने एक अर्थगर्भित और व्यापक प्रतीक के रूप में खड़ा किया था, उसे इतनी संकुचित दृष्टि से देखा जा रहा है।

मैंने सम्पादक महोदय को एक पत्र लिखा जिसमें मैंने कहा कि 'निकषक' के सदस्य 'मयूरी' के सम्बन्ध में गलत दृष्टि रख रहे हैं। 'चूँकि इस लेख से औरों के भी बहक जाने की आशंका है, इसलिए मैं अपना मन्तव्य किसी समय एक लेख में व्यक्त करने का प्रयत्न करूँगा। तब तक आपसे प्रार्थना करूँगा कि इस कविता को ठीक से देखने-समझने की कृपा करें—उसमें उतना ही नहीं है जिसे देखकर आपने उसके खिलाफ फतवा दे दिया है।'

उत्तर वागीश जी का आया, जिसके प्रत्युत्तर में मैंने वागीश जी को दूसरा पत्र लिखा, जिसके अन्त में था, 'इस बात का खेद होना कवि के लिए स्वाभाविक होता है कि उसे गलत समझा जा रहा है। मयूरी के नाचने, न नाचने से उस कविता का दूर का भी सम्बन्ध नहीं है।'

हमारा पत्र-व्यवहार वागीश जी ने 7 अगस्त, 1961 के 'सहयोगी' में प्रकाशित कर दिया। (यह तीनों पत्र इस पुस्तक के अन्त में परिशिष्ट-2 में दिए जा रहे हैं।) पर, टिप्पणी में अपनी वही संकुचित दृष्टि रखी, ''फिर वही बात कहनी पड़ती

है कि 'मयूरी नहीं नाचती, मयूर नाचता है' प्रकृति-प्रिय कवि के लिए प्रकृति का सूक्ष्मेक्षण आवश्यक होता है, अथवा प्राचीन कवियों की परिपाटी का आश्रय। प्राचीन कवियों ने तो सदैव 'मयूर' के नृत्य की ही बात कही है...आदि।''

मैं अपने मन्तव्य को लेखनीबद्ध करने को समय निकाल सकूँ इसके पूर्व ही शायद 'सहयोगी' बन्द हो गया—कम से कम मेरे पास आना; और लेख लिखने की बात मेरे मन से उतर गई। अब छह वर्षों बाद इस सम्बन्ध में अपने विचार व्यक्त करने का मुझे अवसर मिल रहा है।

जिस बात के प्रति मेरे अन्तर ने सबसे अधिक विद्रोह किया वह यह थी कि मुझे केवल पेड़-पौधों पर लिखने वाला प्रकृति-प्रिय कवि समझा जा रहा है। प्रकृति का पर्यवेक्षक अथवा सूक्ष्मेक्षण करने वाला कवि नहीं कि मयूरी को नाचते देखा और कविता लिख दी। मेरे पाठकों में शायद ही कोई ऐसा हो जो मुझे प्रकृति-वर्णन का कवि समझता हो—'अंधउ बधिर न कहहिं अस'। मैंने मानव के हृदय को देखा है। मेरी कविता के विषय हैं मनुष्य के दुख, सुख, शोक, विषाद, हर्ष, विमर्श, संघर्ष—उसके मन-प्राणों का मन्थन। मेरी कविता में प्रकृति जहाँ आई है वहाँ रूपक बनकर, उपकरण बनकर, प्रतीक बनकर, साधन बनकर, साध्य बनकर नहीं; रंगमंच बनकर, अभिनेता बनकर नहीं; अभिनेता मेरी कविता के मंच का केवल इन्सान है—इन्सानियत है—उसकी नियत भी, नियति भी।

तो सबसे पहले यह बात समझ लेनी होगी कि मैंने मयूरी का नृत्य वर्णन करने के लिए यह कविता नहीं लिखी। मयूरी प्रतीक है, उसका 'साजन' भी प्रतीक है, उसका 'आँगन' भी प्रतीक है, और उसका नाचना भी प्रतीक है।

अपनी कविता में प्रतीकों का उपयोग करने में मैंने एक लक्षणा का भी ध्यान रखा है जिसे 'अज़हत्स्वार्था' कहते हैं। इसमें लक्षक शब्द अपने वाच्यार्थ न छोड़कर कुछ भिन्न या अतिरिक्त अर्थ भी प्रकट करता है। यह मेरी कविता का मुख्य मन्त्र है। 'मधुशाला' से लेकर आज तक के अपने सारे काव्य में मैं इसे नहीं भूला। इसे न समझने का ही परिणाम है कि 'मधुशाला' पढ़कर कुछ लोग मुझे पियक्कड़ समझते रहे, और 'मयूरी' पढ़कर कुछ वैसे ही लोग मुझे प्रकृति का कवि समझते हैं। अज़हत्स्वार्था' लक्षणा के प्रयोग का एक बड़ा खतरा भी है। इसमें प्रायः ऐसा होता है कि या तो वाच्यार्थ अधिक हो जाता है या संकेतार्थ—दोनों के बीच ठीक सन्तुलित स्थिति में कविता अपनी पूर्णता प्राप्त करती है। यह भावक अथवा रसिक की दोनों प्रवृत्तियों को एकसाथ प्रभावित करने की कला है—मस्तिष्क सम्बन्धी और हृदय सम्बन्धी—बुद्धि को भी, भावना को भी—एक को प्रतीक के वाच्यार्थ से, दूसरे

को प्रतीक के संकेतार्थ से। परिपूर्ण कविताएँ बड़े कवि भी कितनी लिख पाते हैं! मेरी पुरानी कविताओं में 'प्याले का परिचय' में सम्भवतः यह सन्तुलन सबसे अधिक आ सका है—एक स्थूल धरातल पर; सूक्ष्म धरातल पर शायद 'प्रणय पत्रिका' की इस कविता में 'कौन हँसिनियाँ लुभाए हैं तुझे ऐसा कि तुझको मानसर भूला हुआ है!'—प्याला, प्याले के अतिरिक्त भी कुछ है, हंस, हंस के अतिरिक्त भी कुछ। मयूरी, मयूरी के अतिरिक्त भी कुछ है—धरातल उसका भी कम सूक्ष्म नहीं। शायद मेरे कुछ संकेत इसे स्पष्ट कर सकें।

मुझे अपनी जीवन-परिस्थिति की सीमाओं में प्रायः मुक्तक, यानी छोटी कविताएँ-गीत, लिखने का ही अवसर मिला है। इस पर मैं कहीं और भी लिख चुका हूँ। पर मेरे गीत एक दूसरे से बिल्कुल स्वतन्त्र भी नहीं। एक गीत दूसरे गीत पर प्रकाश डालता है। एक गीत दूसरे से कोई आन्तरिक सम्बन्ध भी रखता है। संकलनों में गीतों का क्रम भी किसी योजना के अनुसार रखा जाता है। इस दृष्टि से मेरे संकलन केवल गीतसंग्रह नहीं हैं। प्रायः उनका अर्थ गीतों को क्रमानुसार पढ़ने पर ही खुलता है। मेरे मन में कभी कोई बड़ी थीम भी रही है तो मैंने उसे छोटे-छोटे गीतों में तोड़ दिया है, पर काव्य के सूक्ष्म उपकरणों का आश्रय लेकर उन्हें भीतर-ही-भीतर जोड़ भी दिया है। मैं समझता हूँ इसके कारण उनमें एक विचित्र सप्राणता और शक्ति भी आई है—ब्रेविटी इज़ विट। साथ ही मेरे पाठकों को अपनी कल्पना के सूत्रों को फैलाने का स्थान और अवसर भी मिला है। जब मेरे पाठकों ने वांछित सहानुभूति के साथ मेरी रचनाओं को पढ़ा है तब उन्हें अलग-अलग प्रस्तुत अभिव्यक्तियाँ किसी विशेष परिवेश, भावना, धारा से आबद्ध, सिक्त अथवा संपृक्त प्रतीत हुई हैं।

'मयूरी', मयूरी का नाच वर्णन करने के लिए, 'सतरंगिनी' नामक काव्य-संग्रह में सबसे असम्बद्ध और सर्वथा स्वतन्त्र कविता नहीं है। स्वतन्त्र रूप से पढ़ने पर वह कुछ अर्थ दे जाए, कुछ आनन्द बिखेर जाए, यह और बात है। 'मयूरी' पहले रंग की सात कविताओं में अन्तिम कविता है, परिणामी; वह किसी परिणाम का संकेत करने के लिए सबके बाद रखी गई है। पहला रंग समाप्त करने पर वही दिमाग पर छाई रहे; उसीकी अनुगूँज कानों में बसी रहे।

'मयूरी' आती है 'नागिन' के बाद, ठीक उसके पीछे, जो इस रंग की छठी कविता है। नागिन और मयूरी का सम्बन्ध तो आप जानते हैं न? मयूरी नागिन की शत्रु है; वह आती है तो नागिन भागती है, छिप जाती है; वह पकड़ पाती है तो उससे लड़ती है परास्त कर देती है, उसे खा जाती है। संग्रह में 'मयूरी' शीर्षक कविता 'नागिन' के बाद सप्रयोजन है। उन्हें साथ पढ़ने, एक दूसरे के बाद पढ़ने

से ही उस अर्थ का आभास हो सकता है जो मेरे मन में है। वे एक-दूसरे से जुड़ी कविताएँ हैं; उन्हें अलग नहीं किया जा सकता। मैं जब 'नागिन' सुनाता हूँ तो उसके बाद 'मयूरी' भी सुना देता हूँ, और मेरे श्रोता मेरे संकेत को अनजाने ही समझ जाते हैं। मेरी इच्छा थी कि जब मयूरी प्रसारित करने को हो तो उसके पूर्व 'नागिन' ज़रूर प्रस्तुत की जाए। 'नागिन' बहुत लम्बी है। प्रायः मेरी इच्छा की अवहेलना की गई है। संकलनकर्ताओं ने कभी 'मयूरी' ले ली, (जैसा वात्स्यायन जी द्वारा सम्पादित 'रूपाम्बरा' में) 'नागिन' छोड़ दी, कभी 'नागिन' ले ली 'मयूरी' छोड़ दी। मेरे 'अभिनव सोपान' में दोनों साथ हैं। लोगों में कल्पना की कमी को मैं कहाँ-कहाँ पूरा करूँ? वे नहीं जानते कि वे मेरी रचनाओं के साथ कितना अन्याय करते हैं, उनके प्रभाव पर कितना आघात करते हैं।

जैसे 'मयूरी' वैसे ही 'नागिन' भी नारी की प्रतीक है। एक तरह की नारी 'नागिन' है, एक तरह की नारी 'मयूरी' है। यहाँ मैं सन्तों या विशिष्ट पुरुषों की बात नहीं कर रहा हूँ, पर साधारण व्यक्ति का जीवन जब विशृंखल होता है (मेरे वर्ण-वर्ण विशृंखल) तब उसमें या तो नारी का अभाव होता है, या गलत तरह की नारी उसके जीवन में आ जाती है या नारी के प्रति उसकी धारणाएँ विकृत हो जाती हैं। और जब वह अपने जीवन में सामंजस्य स्थापित करने के लिए संघर्ष करता है तो उसकी सबसे पहली खोज सही नारी के लिए होती है (बनकर केन्द्र खड़ी तुम हो तो मैं जीवन की परिधि बनाऊँ—आरती और अंगारे)। मैं निःसंकोच लिखना चाहता हूँ कि 'सतरंगिनी' में विशृंखलता से सामंजस्य की ओर अग्रसर होने में एक संघर्ष सही नारी की खोज के लिए भी है और यह सही नारी जिस रूप में मिली है उसका प्रतीक 'मयूरी' है 'नागिन' नहीं।

और इसकी भूमिका 'सतरंगिनी' के प्रथम प्रवेश गीत में ही बना दी गई है—

उदय शिखर से अरुण शिखा की
उठी जागरण की वाणी,
ऋतुपति के उपवन से कूकी
कुहु-कुहु कोयल मस्तानी,
कातर स्वर से बुलबुल बोली
अस्ताचल की घाटी में,
प्राण पपीहे का पागल स्वर
चीर चला पत्थर पानी;

एक विहंगम भरे हृदय से
करता बैठा स्वर साधन
इन्द्रधनुष की छाया में।

यहाँ अरुणशिखा, कोकिल, बुलबुल, पपीहा 'सतरंगिनी' से पहले मेरे जीवन अथवा वाङ्मय के चार सोपानों के प्रतीक हैं—पांचवाँ विहंगम जो इन्द्रधनुष की छाया में बैठा स्वर साधन कर रहा है (सामंजस्य के लिए) मयूर है। इन्द्रधनुष की रंग-छाया ही जैसे उसके पंख में उतर आई है।

यही इन्द्रधनुषी मयूर 'मयूरी' शीर्षक कविता में मयूरी पर निछावर होता है :

निछावर इन्द्रधनुष तुझपर
निछावर प्रकृति, पुरुष तुझपर।

और मयूरी-मयूर के सम्बन्ध पर सनातन प्रकृति-पुरुष सम्बन्ध की मुहर लगा दी जाती है।

जैसे इन्द्रधनुष ही मयूर है, वैसे ही सतरंगिनी (पहले रंग की पहली कविता में) ही मयूरी है—'यह रंग-बिरंग विहंगिनी' (रंग-बिरंग का श्लेषार्थ भी समझने योग्य है) और इसी सतरंगिनी के लिए कहा गया है कि :

अति क्रुद्ध मेघों की कड़क
अति क्षुब्ध विद्युत की तड़क
पर पा गई सहसा विजय
तेरी रंगीली रागिनी।

यह 'मेघों की कड़क' और 'विद्युत् की तड़क' उसी नागिन का पूर्व संकेत करती है जो आनेवाली है—

तू प्रलय काल के मेघों का
कज्जल-सा कालापन लेकर,
तू नवल सृष्टि की ऊषा की
नवद्युति अपने अंगों में भर,
बड़वाग्नि विलोड़ित अंबुधि की
उत्तुंग तरंगों से गति ले,
रथयुत रवि-शशि को बंदी कर
दृग-कोयों का रच बंदीघर,
कौंधती तड़ित की जिह्वा-सी
विष-मधुमय दाँतों में दाबे,

तू प्रकट हुई सहसा कैसे
मेरी जगती में, जीवन में?
नर्तन कर, नर्तन कर, नागिन,
मेरे जीवन के आँगन में!

यदि आपको पहले ही भान नहीं हो चुका, तो मैं ही खुलकर कह दूँ कि नागिन प्रमदा और मयूरी परिणीता नारी के प्रतीक हैं। ओज और माधुर्य की जिस शैली में, जिस आकार में, ये दोनों कविताएँ क्रमशः लिखी गई हैं, उसीसे प्रमदा और परिणीता का अन्तर स्पष्ट हो जाना चाहिए। प्रमदा को अपने रूप, यौवन, आकर्षण, प्रभाव और शक्ति का गर्व है, वह परस्पर प्रतिकूल गुणों के संघात की एक विषम संज्ञा है, जिनसे वह अपने प्रेमी को अभिभूत कर देती है, उसे अपने प्रेम-पाश में फाँसकर (प्रेम-हार पहनाना लेकिन प्रेम-पाश फैलाना क्या—प्रारम्भिक रचनाएँ भाग-1) दास बना लेती है, और आत्मसमर्पण के लिए बाध्य करती है (क्या लज्जा आत्मसमर्पण में)—रहती है स्वयं स्वतन्त्र, निर्बंध, विमुक्त। परिणीता स्वयं समर्पिता है; वह अपने 'साजन' की सुधि आते ही मगन हो जाती है, नाचने लगती है 'आँगन-आँगन'—आँगन घर का प्रतीक है, वह गृहिणी है न—नाचती नागिन भी है; नहीं, नहीं वह नर्तन करती है—'नर्तन कर, नर्तन कर, नागिन।' वह नाचती भी तनकर है, नाचने में भी तन्मय नहीं, तनी हुई—मैं ध्वनि से भी बहुत कुछ कहता हूँ। मयूरी अपने साजन की खोज 'मधुवन-मधुवन' करने को निकल पड़ती है—मगन-मन से मदिर-मन, उन्मत्त होती हुई, उद्धत नहीं जैसी कि नागिन है। तभी मयूर आकर उस पर 'निछावर' होता है। वह मयूर को भेंट हो जाती है,

तू जिसे लेने चला था भूलकर अस्तित्व अपना,
तू जिसे लेने चला था बेचकर व्यक्तित्व अपना,
दे गया है कौन वह उपहार?—
वीणा बोलती है।

वह उपहार पाने के लिए 'आत्मसमर्पण' नहीं करता। निछावर और आत्मसमर्पित होने में अन्तर है। पुरुष का आत्मसमर्पण उचित नहीं, उसका निछावर होना ही शोभन लगता है। आत्मसमर्पण करके नारी ही सौभाग्यवती होती है। पुरुष-प्रकृति का यह सम्बन्ध हमारे धर्म, दर्शन की परम्परा, हमारी संस्कृति, सभ्यता, इतिहास की शृंखला में बराबर दुहराया गया है—शिव-पार्वती, सत्यवान-सावित्री, राम-सीता, गौतम-यशोधरा, चैतन्य-विष्णुप्रिया, गाँधी-कस्तूरबा, जवाहर-कमला—उसी की कड़ियाँहैं।

सही नारी की खोज में मैंने केवल परम्परा का अंधानुकरण नहीं किया है। जीवन मेरे लिए प्रयोग है। यह और बात है कि अपने प्रयोग से भी मैं परम्परा-सिद्ध

परिणाम पर पहुँचा हूँ। प्रमदा, जीवन का, विशेषकर हमारे आधुनिक जीवन का एक बहुत बड़ा विकार है, बहुत बड़ी चुनौती भी। उसके प्राण प्रणय, जिसमें वासना का आकर्षण ही अधिक होता है, संघर्ष बन जाता है। आधुनिक मनोविज्ञान के 'वार आफ सेक्सेज़' से उसे प्रश्रय मिलता है। राका में उदयशंकर भट्ट ने इसे ज़रा भोंडी तरह व्यक्त किया था—'लिंगों में संघर्ष हो रहा।' पन्त जी ने लिखा, 'योनि मात्र रह गई मानवी'। वे यह भी लिख सकते थे, लिंग मात्र रह गया मानव'। नागिन भी 'नागयोनि' है। लेकिन प्रणय यौन-संघर्ष मात्र नहीं। मैंने 'सतरंगिनी' में ही आगे किसी कविता में लिखा है, 'प्यार को संघर्ष मत, सुन्दरि, बनाओ, 'तुम समझती हो नहीं भाषा प्रणय की'। नर-नारी सम्पर्क में यौन-सम्बन्ध की महत्ता को अस्वीकार नहीं किया जा सकता। पर प्रमदा उसके सृजनशील परिणाम को वहन करने से इन्कार कर देती है। यौन-संघर्ष की वन्ध्या परिणति के रूप में रह जाती है केवल विजेता और विजित दोनों की दर्प-स्फीत और दैन्य-क्षीण रुग्ण कुण्ठाएँ। नागिन अपनी सन्तान को खा जाती है; परिणीता प्रणय-परिणति में गाती है :

फुल्ल कमल, गोद नवल, मोद नवल
गेह में विनोद नवल।
बाल नवल, लाल नवल,
दीपक में ज्वाल नवल!
दूध नवल, पूत नवल,
वंश में विभूति नवल,
नवल दृश्य, नवल दृष्टि,
जीवन थी नवल सृष्टि।

प्रमदा जीवन को अवरुद्ध करती है, परिणीता जीवन को विकसित। प्रमदा जीवन की विशृंखलता को उच्छृंखलता में बदल देती है, परिणीता जीवन की विशृंखलता को सामंजस्य प्रदान करती है। जीवन का पोषक सामंजस्य है न कि विशृंखलता अथवा उच्छृंखलता, परिणीता न कि प्रमदा, प्रतीक की भाषा में मयूरी न कि नागिन।

•

'सतरंगिनी' लिखने के बीस वर्ष बाद मैं बंधुवर दिनकर की 'उर्वशी' पढ़ रहा था। पुस्तक समाप्त करने पर मेरे मन में प्रश्न उठा, क्या दिनकर भी सही नारी की खोज कर रहे थे? क्या उनके सामने भी प्रमदा और परिणीता में विकल्प था? क्या उन्होंने भी प्रमदा पर परिणीता को ही तरजीह नहीं दी थी?

चले थे दिनकर प्रमदा के ही पक्ष का समर्थन करने। इसके लिए सबसे सबल तर्क उनकी कल्पना में यह था कि प्रमदा का काम अध्यात्म-साधना में सहायक

हो सकता है। संसार से वह भले ही तोड़ दे, भगवान से तो जोड़ सकती है। इसे सिद्ध करने के लिए उन्होंने दो आधार (प्रेमिसेज़) बनाए थे :

1—'नारी के भीतर एक और नारी है जो अगोचर और इन्द्रियातीत है।'

2—'पुरुष के भीतर भी एक और पुरुष है जो शरीर के धरातल पर नहीं रहता।'

अपने आप में, अलग-अलग ये दोनों आधार ठीक भी हो सकते हैं, पर जब नारी पुरुष के सम्पर्क में आती है, अथवा जब पुरुष नारी के सम्पर्क में आता है, तब भी क्या ये आधार अक्षुण्ण बने रहते हैं?

अध्यात्म की दृष्टि से 'इन्द्रियातीत' को 'नारी' की संज्ञा नहीं दी जा सकती, और न 'पुरुष' को ही ('पुरुष' भारतीय दर्शन में एक विशेष अर्थ प्राप्त कर चुका है; यहाँ मतलब 'नर' से है)। तब तो यही कहना युक्तिसंगत होगा कि नारी के भीतर एक आत्मा है, और पुरुष के भीतर भी एक आत्मा है, और उस आत्मा को दूसरे के भीतर खोजने से अपने भीतर खोजना निश्चय ही ज़्यादा समझदारी की बात होगी।

दिनकर की सबसे भारी भूल यह है कि वे पुरुष-नारी सम्पर्क में भी इन्द्रियातीत नारी और पुरुष की सत्ता के आधार को अक्षुण्ण मानते हैं! पुरुष, नारी एक दूसरे में सूक्ष्म नारी, सूक्ष्म पुरुष को देख सकें, पा सकें, उसके पूर्व उन्हें स्थूल नारी, स्थूल पुरुष को जीना-भोगना पड़ेगा ही, जहाँ उनमें वही यौन-संघर्ष छिड़ जाने की आशंका है जिसका ज़िक्र मैं पहले कर आया हूँ। मान लीजिए, किसी पारस्परिक समझ-बूझ से आप चाहे तो इसे प्रणय का नाम भी दे सकते हैं—उससे बचना सम्भव हो सके तो भी पुरुष-नारी सम्पर्क में नारी 'इन्द्रियों के मार्ग से अतीन्द्रिय धरातल के स्पर्श' को, यानी प्रेम की सूक्ष्मता को, (मैं आध्यात्मिकता इसको न कहूँगा, जब तक वे दोनों आत्मा में ही नहीं अवशिष्ट हो जाते) स्थूलता ही प्रदान करना चाहती है—अन्ततः अपनी सन्तान के रूप में। उर्वशी और पुरुरवा अपनी विशिष्ट स्थिति से यौन-संघर्ष की उग्रता से तो बच जाते हैं, पर अध्यात्म-सिद्धि नहीं कर पाते। उर्वशी आध्यात्मिक-सिद्धि चाहती ही कब है? उल्टे, पुरुरवा जब-जब सूक्ष्मता की ओर जाता है, उर्वशी उसे स्थूलता की ओर लौटा लाती है; पुरुरवा जब-जब आत्मा की अनुभूति करना चाहता है, उर्वशी उसे काया का आभास-एहसास करा देती है। सन्तानें (किन्हीं कथाओं के अनुसार छह) तो वह उसे देती है—अप्सरा होकर भी वह नारी ही है। इन्द्रियों के मार्ग से अतीन्द्रिय धरातल का स्पर्श प्राप्त करने में नारी से समुद्भूत शायद इसी खतरे से बचने के लिए फारस के सूफियों ने नर-प्रियतमा—माशूक—की कल्पना की थी!

दिनकर ने तन्त्र-साधना की याद दिलाई है। पर तन्त्र-साधना में नारी साधन-मात्र थी; पुरुष की समकक्षिणी नहीं, प्रायः वह निम्नवर्ग से ली जाती थी। उसमें एकांगिता तो थी ही। अध्यात्म-साधना पुरुष की सिद्ध होती थी। नारी कहीं निम्न धरातल पर छूट जाती थी। वस्तुतः वह निम्नता, स्थूलता की प्रतीक ही मानी जाती थी। सूक्ष्मता में प्रवेश करना पुरुष का ही अधिकार था। तन्त्र-साधना को आज शंका की दृष्टि से भी देखा जाता है। जब काम समाज में हेय समझा जाता था तब उसे अध्यात्म से जोड़कर कुछ मान्यता देने का प्रयास तो यह नहीं था? काम की जैव विवशता और आवश्यकता आज तो विज्ञान-मान्य है। आज उसे अध्यात्म की शरण अथवा आड़ लेने की ज़रूरत नहीं।

ध्यान देने की बात है कि नारी जो व्यावहारिक सत्य को पुरुष की अपेक्षा अधिक गहराई से समझती है, कभी अपने को कामाध्यात्म के भ्रम में नहीं डालती। राग भाव से अध्यात्म-साधना की बात जब उसके मन में उठती भी है तो चट से वह अपनी सेज सूली के ऊपर लगा देती है (सूली ऊपर सेज पिया की केहि विधि मिलना होय)! मीरा ही नहीं, महादेवी भी स्थूल अथवा शरीरी प्रियतम का आभास कभी नहीं देतीं।

मैं 'उर्वशी' की समालोचना करने नहीं जा रहा हूँ। मेरे कहने का तात्पर्य सिर्फ इतना है कि दिनकर की उर्वशी भी प्रमदा का प्रतीक है, जैसे मेरी नागिन (यह भी एक विचित्र संयोग है कि मैंने 'नागिन' के लिए लिखा था—'तू मोहमयी उर्वशी सदृश')। परिणीता की प्रतीक है सुकन्या और औशीनरी। पुरुरवा और उर्वशी का यौन-संघर्ष दोनों की विशिष्ट परिस्थितियों के कारण कटु-कुंठाग्रस्त नहीं होने पाता। मैंने साधारणता का धरातल लिया था। उर्वशी पुरुरवा के कामाध्यात्म प्रयोग में सहायक नहीं, बाधक सिद्ध होती है। ऐसी स्थिति में हमारी सारी सहानुभूति परिणीताएँ ले जाती हैं—उर्वशी के प्रति हम केवल इसलिए आभारी होते हैं कि वह ऐलवंश को एक उत्तराधिकारी दे गई है। नागिन और मयूरी के लिए जितना-जितना कहा गया था, शायद उर्वशी और औशीनरी के लिए भी उसी अनुपात में कहा गया है। प्रमदाएँ बड़ा लम्बा-चौड़ा घेरा डालती हैं, पर परिणीताएँ अत्यन्त लाघव से उसे तोड़कर उन पर विजयिनी हो जाती हैं। 'उर्वशी' की नायिका (हीरोइन) वास्तव में औशीनरी है। प्रमदा और परिणीता के विकल्प में दिनकर भी तरजीह परिणीता को दे गए हैं।

एक अपने बीच की निजी बात कहना चाहता हूँ। दिनकर ने जब 'उर्वशी' के कुछ अंश मुझे सुनाए, तब मैंने उनसे पूछा, "'उर्वशी' लिखने में तुम्हारा उद्देश्य क्या है?"

दिनकर बोले, “नारी की निन्दा!”

निश्चय ही उनका तात्पर्य प्रमदा की निन्दा से था।

और भी विचित्र संयोग है कि प्रमदाएँ अपने को एक ही-सी स्वर-शैली, रूपक-प्रतीकावली में प्रक्षिप्त करती हैं। उर्वशी कहती है :

“जब विश्व पुरुष का हृदय-सिंधु
आलोड़ित, क्षुभित, मथित होकर,
अपनी समस्त बड़वाग्नि
कंठ में भरकर मुझे बुलाता है,
तब मैं अपूर्व यौवना
पुरुष के निभृत प्राणतल से उठकर
प्रसरित करती निर्वसन, शुभ्र, हेमाभ कांति
कल्पना लोक से उतर भूमि पर आती हूँ...
विषधर के थण पर अमृतवर्ति;
उद्धत अदम्य बर्बर बल पर
रूपांकुश, क्षीण मृणाल-तार।
मेरे सम्मुख नत हो जाते गजराज मत्त;
केसरी, शरभ, शार्दूल भूल निज हिंस्र भाव
गृह-मृग समान निर्विष, अहिंस्र बनकर जीते।
मेरी भ्रू-स्मिति को देखकर चकित, विस्मित, विभोर
शूरमा निमिष खोले अवाक् रह जाते हैं;
श्लथ हो जाता स्वयमेव शिंजिनी का कसाव,
संत्रस्त करों से धनुष-बाण गिर जाते हैं।
कामना-वह्नि की शिखा मुक्त मैं अनवरुद्ध
मैं अप्रतिहत, मैं दुर्निवार
मैं सदा घूमती फिरती हूँ
पवनांदोलित वारिद-तरंग पर समासीन
नीहार-आवरण में अम्बर के आर-पार;
उड़ते मेघों को दौड़ बाहुओं में भरती,
स्वप्नों की प्रतिमाओं का आलिंगन करती।”

नागिन के लिए लिखा गया था—

तू प्रलय काल के मेघों का
कज्जल-सा कालापन लेकर,

बड़वाग्नि विलोड़ित अंबुधि की
उत्तुंग तरंगों से गति ले,
निद्रालसमय तंद्रानिमग्न
तू धूमकेतु-सी पड़ी छूट,
तू फिर स्वतन्त्र बन फिरती है
सबके लोचन में, तन-मन में
दिग्गज भी जिससे काँप उठें
ऐसा भीषण हुंकार लिए,
शत हिम शिखरों की शीतलता,
शत ज्वालामुखियों की दहकन,
दोनों आभासित होती हैं
मुझको तेरे आलिंगन में।
तू मार अमृत से सकती है
अमरत्व गरल से दे सकती,
सब साम-दाम और दण्ड-भेद
तेरे आगे बेकार हुआ,
अनिवारिणि, करने को अन्तिम
निश्चय ले मैं तैयार हुआ।

एक-दूसरे की ध्वनियाँ-प्रतिध्वनियाँ एक-दूसरे में कितनी हैं, इसका आनन्द अधिक सजग पाठक लेंगे।

अन्त में एक और विचित्र संयोग की ओर मैं संकेत करना चाहता हूँ। दिनकर ने भी यही कल्पना की है कि पुरुष के जीवन में परिणीता ऐसे ही सहज भाव से आ जाती है जैसे पावस में जलद-खण्ड पर 'रंगीन इन्द्रधनुषी' (जिसे मैंने सतरंगिनी कहा है)।

चित्रलेखा

और व्योम जो शून्य दीखता उसके भी अन्तर में
भाँति-भाँति के जलद खण्ड घूमते; और पावस में
कभी-कभी रंगीन इन्द्रधनुषी भी उग आती है।

सुकन्या

और इन्द्रधनुषी के उगने पर विरक्त अम्बर की
क्या होती है दशा?

चित्रलेखा

तुम्हें ही इसका ज्ञान नहीं है?
योगेश्वर तज योग, तपस्वी तज निदाघमय तप को
रूपवती को देख मुग्ध इस भाँति दौड़ पड़ते हैं,
मानो, जो मधुशिखा ध्यान में अचल नहीं होती थी,
ठहर गई हो वही सामने युवा कामिनी बनकर।

इस प्रसंग को समाप्त करने से पूर्व मैं एक बात स्पष्ट कर देना चाहता हूँ कि इस सन्दर्भ में 'उर्वशी' को मैंने केवल इसलिए याद किया है कि उससे अपनी यकिंचित् उद्भावना के औचित्य और उसकी सच्चाई के लिए कुछ और प्रमाण, कुछ और बल संचित कर सकूँ।

इतना कुछ पढ़ लेने के बाद शायद आपको भी अब मयूरी के नाचने, न नाचने का प्रश्न अत्यन्त गौण अथवा नगण्य प्रतीत होता होगा। पर जिनकी जिज्ञासा इतनी ही है, उनकी भी अवज्ञा नहीं की जानी चाहिए।

अगर आपका मुझमें विश्वास हो तो मैं यह कहना चाहता हूँ कि मैंने मयूरी को नाचते अपनी आँखों से देखा है।

साहित्य में परम्परा भी मान्य होती है, इसलिए हिन्दी, उर्दू, अंग्रेज़ी, संस्कृत के चार कवियों के उद्धरण भी दे रहा हूँ, जिन्होंने मयूरी के नाचने की बात लिखी है।

वन्य गजों की क्रीड़ा के साथ-साथ
कहीं-कहीं
मयूरी-नृत्य भी देखना तुम'

(बाणांबरी : पोद्दार रामावतार अरुण, पृष्ठ 142)

'पत्तियाँ गिर रही हैं शाखों से
या बहाती हैं डालियाँ आँसू,
नाच भूली हैं ग़म से मोरनियाँ
तर्क चरना किया है हिरनों ने।'

(शकुन्तला : सागर निज़ामी, अंक-4)

'The peahens dance on a smooth lawn
A parrot sways upon a tree.'

(Collected Poems : Yeats, P. 15)

''पश्य लक्ष्मण नृत्यन्तं मयूरमुपयनृत्यति
शिखिनी मन्मथार्तेषा भर्तारं गिरिसानुनि। (किष्किन्धा 1-3)

लक्ष्मण! वह देखो, पर्वत शिखर पर नाचते हुए अपने स्वामी मयूर के साथ-साथ वह मोरनी भी कामपीड़ित होकर नाच रही है।''

(वाल्मीकीय रामायण—गीता प्रेस, पृ. 671)

'सतरंगिनी' की कविताओं के पहले मैंने आपसे जो बातचीत की है, आशा है वह आपको रोचक लगी। इसके कारण 'सतरंगिनी' की कविताओं को अधिक निकटता से समझने में यदि आपको कुछ सहायता मिले तो मुझे प्रसन्नता होगी। इसके प्रति अथवा कविताओं के प्रति कभी आप अपनी प्रतिक्रिया मुझे भेजना चाहें तो मैं उसका स्वागत करूँगा।

—बच्चन

[पाँचवाँ संस्करण]

मुझे इस बात की बड़ी प्रसन्नता है कि 'सतरंगिनी' का पाँचवाँ संस्करण छपने जा रहा है। उसमें प्रूफ की कुछ गलतियों को सुधारने के अतिरिक्त कोई परिवर्तन नहीं किया गया है। मैं अपने प्रकाशक श्री विश्वनाथ जी के प्रति आभारी हूँ कि वे इस संस्करण को—अपने प्रकाशनों की ख्याति के अनुरूप—सुरुचिपूर्ण रूप में प्रस्तुत करने जा रहे हैं।

आशा है मेरी कविता के प्रेमी उसका स्वागत करेंगे।

—बच्चन

'सोपान' सितम्बर 1983
बी-8, गुलमोहर पार्क, नई दिल्ली-49

सम्बोधन

तेजी,

उस दिन अमिताभ को तूने मेरी गोद में रक्खा था, आज मैं सतरंगिनी को तेरी गोद में रखता हूँ–

याद मुझे वह दिन जब तेरे-
मेरे आँसू एक हुए,
पल में परिवर्तित जब तेरे
मेरे भाव अनेक हुए!
और आज तेरी गोदी में
ध्वनित अमित का हास हुआ,
और आज मेरे मानस में
राग-रंग-रस-रास हुआ!
अभिनंदित अभिषिक्त अमित में
अभिमत अभिलाषा मेरी,
सतरंगिनी तरंगित नभ में
पुण्य प्रेरणा पर तेरी!

आ, मिलकर आशीष दें कि हमारे प्रणय-परिणय के ये युगल प्रतीक चिरायु हों।

–बच्चन

क्रम

प्रवेश गीत

इन्द्रधनुष की छाया में 37

पहला रंग

सतरंगिनी 43
वर्षा समीर 44
कोयल 46
पपीहा 54
जुगनू 55
नागिन 57
मयूरी 66

दूसरा रंग

अभावों की रागिनी 71
अँधेरे का दीपक 74
यात्रा और यात्री 77
पथ की पहचान 80
नन्दन और बगिया 82
जो बीत गई 84
कामना 86

तीसरा रंग

प्रतिकूल 91
सम्मानित 92
अजेय 93
अधिकारी 94
प्रत्याशा 95
चेतावनी 96
निर्माण 97

चौथा रंग

दो नयन 101
जादू 102

तूफ़ान 103
मृगतृष्णा 104
प्यार और संघर्ष 105
तुम नहीं हो 106
नई झनकार 107

पाँचवाँ रंग
मुझे पुकार लो 111
कौन तुम हो 112
वेदना का गीत 114
तुम गा दो 116
जयमाल 117
लौटा लाओ 119
अभिसार के पल 121

छठा रंग
नया वर्ष 125
नव दर्शन 125
एक दाह 126
एक स्नेह 126
नवल प्रात 127
नूतन सृष्टि 127
नवीन उत्तरदायित्व 128

सातवाँ रंग
प्रेम 131
जग 131
जीवन 132
काल 133
कर्तव्य 134
साधना 134
विश्वास 136

परिशिष्ट-1 138

परिशिष्ट-2 141

प्रवेश गीत

इन्द्रधनुष की छाया में

तूने देखी दुनिया जिसपर
उतरी ऊषा की लाली,
तूने देखी दुनिया जिसपर
बिखरी किरणों की जाली,
तूने देखी दुनिया जिसपर
अँधियाली सन्ध्या छाई
तूने देखी दुनिया जिसपर
फैल गई रजनी काली;
किन्तु कभी क्या तूने देखा
जगती का सस्मित आनन
इन्द्रधनुष की छाया में?

अलस नयन से तूने देखा
उठ ऊषा का अँगड़ाना,
सजग नयन से तूने देखा
रवि का रथ चढ़कर आना,
धीमी सन्ध्या की गति देखी
तूने शंकित नयनों से,
भीत नयन से तूने देखा
रजनी का ताना-बाना;

किन्तु कभी क्या तूने देखा
जगती को विस्मित लोचन
इन्द्रधनुष की छाया में?

प्रातः ने देखा देवालय
में मेरा पूजन-अर्चन,
दिन की दुनिया ने, धंधों से
छाया अंगों पर श्रम-कण,
सन्ध्या ने मेरे प्रकाश की
धुँधली-सी रेखा देखी,
अपलक नेत्रों से रजनी ने
देखा मेरा सूनापन;
किन्तु किसी ने देखा मेरा
मानस-मन्थन, उर उन्मन
इन्द्रधनुष की छाया में?

उदय शिखर से अरुण शिखा की
उठी जागरण की वाणी,
ऋतुपति के उपवन से कूकी
कुहु-कुहु कोयल मस्तानी,
कातर स्वर से बुलबुल बोली
अस्ताचल की घाटी में,
प्राण पपीहे का पागल स्वर
चीर चला पत्थर-पानी;
एक विहंगम भरे हृदय से
करता बैठा स्वर साधन
इन्द्रधनुष की छाया में।

मेरे जीवन के प्रभात की
स्वाभाविक स्वर्गिक बोली,
डूब गई उस रव में जिसमें
गाती चिड़ियों की टोली,

दिन को तूती बोली पर
नक़्क़ारों की हुँकारों में,
सूनी और अँधेरी रातों
में डर-डर जिह्वा डोली;
ध्वनित हृदय के नभ से होगा
फूटा जो मेरा गायन
इंद्रधनुष की छाया में?

सतरंगिनी
वर्षा समीर
कोयल
पपीहा
जुगनू
नागिन
मयूरी

पहला रंग

1. सतरंगिनी

सतरंगिनी, सतरंगिनी!
काले घनों के बीच में,
काले क्षणों के बीच में
उठने गगन में, लो, लगी
यह रँग-बिरंग विहंगिनी!
सतरंगिनी, सतरंगिनी!

जग में बता वह कौन है,
कहता कि जो तू मौन है,
देखी नहीं मैंने कभी
तुझसे बड़ी मधु भाषिणी!
सतरंगिनी, सतरंगिनी!

जैसा मनोहर वेश है
वैसा मधुर सन्देश है,
दीपित दिशाएँ कर रहीं
तेरी हँसी मृदु हासिनी!
सतरंगिनी, सतरंगिनी!

भू के हृदय की हलचली,
नभ के हृदय की खलबली
ले सप्त रागों में चली

यह सप्त रंग तरंगिनी!
सतरंगिनी, सतरंगिनी!

अति क्रुद्ध मेघों की कड़क,
अति क्षुब्ध विद्युत् की तड़क
पर पा गई सहसा विजय
तेरी रँगीली रागिनी!
सतरंगिनी, सतरंगिनी!

तूफान, वर्षा, बाढ़ जब,
आगे खुला यम दाढ़ जब,
मुसकान तेरी बन गई
विश्वास, आशा दायिनी!
सतरंगिनी, सतरंगिनी!

मेरे दृगों के अश्रुकण–
को, पार करती किस नयन–
की, तेजमय तीखी किरण,
जो हो रही चित्रित हृदय
पर एक तेरी संगिनी!
सतरंगिनी, सतरंगिनी!

2. वर्षा समीर

बरसात की आती हवा।

वर्षा-धुले आकाश से,
या चन्द्रमा के पास से,
या बादलों की साँस से;

मधुसिक्त, मदमाती हवा,
बरसात की आती हवा।

यह खेलती है ढाल से,
ऊँचे शिखर के भाल से,
आकाश से, पाताल से,
झकझोर-लहराती हवा;
बरसात की आती हवा।

यह खेलती है सर-वारि से,
नद-निर्झरों की धार से,
इस पार से, उस पार से,
झुक-झूम बल खाती हवा;
बरसात की आती हवा।

यह खेलती तरुमाल से,
यह खेलती हर डाल से,
लोनी लता के जाल से,
अठखेल—इठलाती हवा;
बरसात की आती हवा।

इसकी सहेली है पिकी,
इसकी सहेली चातकी,
संगिन शिखिन, संगी शिखी,
यह नाचती-गाती हवा;
बरसात की आती हवा।

रँगती कभी यह इन्द्रधनु,
रँगती कभी यह चन्द्रधनु,
अब पीत घन, अब रक्त घन,
रँगरेल — रँगराती हवा;
बरसात की आती हवा।

यह गुदगुदाती देह को,
शीतल बनाती गेह को,
फिर से जगाती नेह को;
उल्लास बरसाती हवा;
बरसात की आती हवा।

यह शून्य से होकर प्रकट
नव हर्ष से आगे झपट;
हर अंग से जाती लिपट,
आनन्द सरसाती हवा;
बरसात की आती हवा।

जब ग्रीष्म में यह जल चुकी
जब खा अँगार-अनल चुकी,
जब आग में यह पल चुकी,
वरदान यह पाती हवा;
बरसात की आती हवा।

तू भी विरह में दह चुका,
तू भी दुखों को सह चुका,
दुख की कहानी कह चुका,
मुझसे बता जाती हवा;
बरसात की आती हवा।

3. कोयल

कौन तपस्या करके, कोकिल,
इतना सुमधुर सुर पाया?
कौन तपस्या करके, कोकिल,
काली कर डाली काया?

वह सुर जिसको सुनकर सोया
युग का मलयानिल जागा,
जिसको सुन मधुवन पर छाया
युग-युग का आलस भागा।

जिसको सुन तरु-कंकालों पर
सहसा दौड़ी हरियाली,
सजी नवल, कोमल किसलय से
मधुवन की डाली-डाली।

बहुरंगी सुमनों से लदकर
लगीं झूमने शाखाएँ,
जिन्हें देखकर नन्दन वन की
तरु—मालाएँ शरमाएँ।

बैठी उन डालों के ऊपर
विहगावलि गानेवाली,
गूंजी उन सुमनों के ऊपर
मधुरस भीनी भ्रमराली।

फैली थी जिस जगह उदासी
महामरण की छाया-सी,
वहाँ अमरता खेल रही है
बन सुखमामय सुखरासी।

जब-जब तू कूका करती है,
प्रश्न उठा करता मन में,
इतना प्राणप्रद स्वर पाया
कैसे तूने जीवन में?

कौन तपस्या करके, कोकिल,
इतना सुमधुर सुर पाया?
कौन तपस्या करके, कोकिल,
काली कर डाली काया?

किसी जन्म में किसी देश की,
कोकिल, तू होगी रानी,
होगी सम्मुख सुख सुविधा की
सब सामग्री कल्याणी।

कभी घूमते राजा के सँग
पहुँची होगी मधुवन में
देख वहाँ कोई तरु सूखा
द्रवित हुई होगी मन में।

एक दिवस इस तरु के ऊपर
हरियाली लहराती थी,
एक दिवस इसकी गोदी में
सुख की चिड़िया गाती थी।

मंद-चरण भी यदि मलयानिल
मधुवन में आ जाता था,
पत्ता-पत्ता इस तरुवर का
हिल-हिल सौ बल खाता था।

डाल मात्र बच खड़ा हुआ है
जड़वत भयप्रद कंकाली,
छोड़ चुका इसके जीवन की
सारी आशा वन-माली

पूछा होगा राजा से, 'क्या
यह न हरा होगा फिर से?'
'हरे नहीं होते तरु सूखे,
नियम प्रकृति का युग चिर से।'

इस उत्तर से आई होगी
शान्ति नहीं तेरे मन में,
दिन कितने, रातें भी कितनी
बीती होंगी चिन्तन में।

'हरे नहीं होते तरु सूखे'—
काँटे-सा गड़ता होगा,
जहाँ देखती होगी, रूखा
तरु आगे पड़ता होगा।

उस निश्चय से निकली होगी
चिन्ता तेरे अन्तर से,
जिस निश्चय से अर्द्धरात्रि में
गौतम निकले थे घर से।

तप करना होगा जिससे हो
सूखे तरु में हरियाली,
तप करना होगा जिससे हो
ज़िन्दा फिर मुर्दा डाली।

तप करना होगा जिससे हों
कुसुमित द्रुम की शाखाएँ,
तप करना होगा जिससे फिर
मौन विहंगम दल गाएँ।

ध्रुव निश्चय ने तोड़े होंगे
ममता, माया के बन्धन,
राह किसी वन की ली होगी
छोड़ सभी पुरजन-परिजन।

घोर तपस्या करके तूने
क्षीण किया होगा तन को,
कठिन तपश्चर्या में तूने
लीन किया होगा मन को।

लिए प्रलोभन भाँति-भाँति के
कामदेव आया होगा,
किन्तु देखकर अविचल तुझको
बेहद शरमाया होगा!

अग्नि परीक्षा में विजयी हो
और हुई होगी पावन,
तेरे तप के तेजोबल से
डोला होगा इन्द्रासन।

उतरा होगा इन्द्र धरा पर
लेकर देवों की टोली,
खोली होगी तेरे आगे
बहु वरदानों की झोली।

जगती का सारा धन-वैभव
कह दे बस तेरा होगा,
तेरे तप के आगे जग क्या,
स्वर्ग सदा चेरा होगा।

राज्य अखण्ड धरा का चाहे
तो ले तू उसकी मलका,
ले चाहे सुरपति का नन्दन
चाहे धनपति की अलका।

कीर्ति अगर चाहे तो दश दिशि
तेरे यश का गान करें,
तेरे गुण के गीत सुनाते
तारक अम्बर में विचरें।

जन्म-जन्म में पूरी होंगी
तेरी इच्छाएँ सारी,
बनी हुई तू इसी जन्म में
महा मुक्ति की अधिकारी।

बिना किसी संकोच बता दे
जो कुछ तुझको लेना है,
बिना बिचारे स्वर्गाधिप को
एवमस्तु कह देना है।

विश्व विभव सब नाचे होंगे
तेरी आँखों के आगे
सूखे तरु की सुधि आते ही
सबके सब होंगे भागे।

'हरे नहीं होते तरु सूखे'
ध्वनित हुआ होगा मन में,
ऋषियों की यह पावन वाणी
गूँजी होगी कण-कण में–

नत्वहं कामये राज्यं,
न स्वर्गं, नापुनर्भवम्,
कामये दुःखतप्तानां
प्राणिनाम् आर्तिनाशनम्।

और कहा होगा यह तूने,
नहीं चाहिए स्वर्ग मुझे,
नहीं चाहिए राज्य धरा का
और नहीं अपवर्ग मुझे।

नहीं चाहिए मुझको सुरपति-
का, नित नव नन्दन कानन,
नहीं चाहिए मुझको धनपति-
की, अलका का स्वर्ण सदन।

नहीं चाहती दिग्दिगंत में
कीर्ति गान मेरा गूँजे,
नहीं चाहती आकर दुनिया
सादर पद मेरा पूजे।

स्वर्ग प्रसन्न हुआ यदि मुझसे
मुझको ऐसा गान मिले,
जिसको सुनकर मरे हुओं को
जीवन का वरदान मिले।

जहाँ-जहाँ पतझड़ आया हो,
वहाँ-वहाँ पर मैं जाऊँ,
वहाँ-वहाँ पर मधुऋतु छाए
जहाँ-जहाँ पर मैं गाऊँ।

एवमस्तु कह दिया स्वर्ग ने
तूने तप का फल पाया,
धन्य-धन्य ध्वनि हुई गगन में
सुमन सुरों ने बरसाया।

तपःपूत काली काया ने
चट कोकिल का रूप लिया,
कूक मन्त्र तेरे कण्ठस्थल
में देवों ने फूँक दिया।

अमरों की वरदान बनी तू
नभ में विहरण करती है,
मृत-मूर्छित पृथ्वी के ऊपर
अमृत वर्षण करती है।

कठिन तपस्या करके तूने
इतना सुमधुर सुर पाया,
और गवाही इस तप की है
तेरी यह काली काया।

कौन तपस्या करके, कोकिल,
इतना सुमधुर स्वर पाया?
कौन तपस्या करके, कोकिल,
काली कर डाली काया?

4. पपीहा

कहता पपीहा, 'पी कहाँ?'

युग-कल्प हैं सुनते रहे,
युग-कल्प सुनते जाएँगे,
प्यासे पपीहे के वचन
लेकिन कहाँ रुक पाएँगे,
सुनती रहेगी सरज़मीं,
सुनता रहेगा आसमाँ;
कहता पपीहा, 'पी कहाँ?'

विस्तृत गगन में घन घिरे,
पानी गिरा, पत्थर गिरे,
विस्तृत मही पर सर भरे,
उमही नदी, निर्झर झरे,
पर माँगती ही रह गई
दो बूँद जल इसकी ज़बाँ;
कहता पपीहा, 'पी कहाँ?'

दो बूँद जल से ही अगर
तृष्णा बुझाना चाहता,
दो बूँद जल से ही अगर
यह शान्ति पाना चाहता,
तो भूमि के भी बीच में
इसकी कमी होती कहाँ;
कहता पपीहा, 'पी कहाँ?'

यह बूँद ही कुछ और है,
यह खोज ही कुछ और है,
यह प्यास ही कुछ और है,
यह सोज़ ही कुछ और है,

जिसके लिए, जिसको लिए
जल-थल-गगन में यह भ्रमा;
कहता पपीहा, 'पी कहाँ?'

लघुतम विहंगम यह नहीं,
यह प्यास की आवाज़ है,
इसमें छिपा ज़िंदादिलों—
की, ज़िन्दगी का राज़ है,
यह जिस जगह उठती नहीं
है मौत का साया वहाँ;
कहता पपीहा, 'पी कहाँ?'

धड़कन गगन की-सी बनी
उठती जहाँ यह रात में,
मेरा हृदय कुछ ढूँढ़ने
लगता इसी के साथ में,
यह सिद्ध करता है कि मैं
जीवित अभी, मुर्दा नहीं,
है शेष आकर्षण अभी
मेरे लिए अज्ञात में;
थमता न मैं उस ठौर भी
यह गूँजकर मिटती जहाँ!
कहता पपीहा, 'पी कहाँ?'

5. जुगनू

अँधेरी रात में दीपक
जलाए कौन बैठा है?

उठी ऐसी घटा नभ में
छिपे सब चाँद औ' तारे,

उठा तूफ़ान वह नभ में
गए बुझ दीप भी सारे;
मगर इस रात में भी लौ
लगाए कौन बैठा है?
अँधेरी रात में दीपक
जलाए कौन बैठा है?

गगन में गर्व से उठ-उठ,
गगन में गर्व से घिर-घिर,
गरज कहती घटाएँ हैं,
नहीं होगा उजाला फिर,
मगर चिर ज्योति में निष्ठा
जमाए कौन बैठा है?
अँधेरी रात में दीपक
जलाए कौन बैठा है?

तिमिर के राज का ऐसा
कठिन आतंक छाया है,
उठा जो शीश सकते थे
उन्होंने सिर झुकाया है;
मगर विद्रोह की ज्वाला
जलाए कौन बैठा है?
अँधेरी रात में दीपक
जलाए कौन बैठा है?

प्रलय का सब समाँ बाँधे
प्रलय की रात है छाई,
विनाशक शक्तियों की इस
तिमिर के बीच बन आई;
मगर निर्माण में आशा
दृढ़ाए कौन बैठा है?
अँधेरी रात में दीपक
जलाए कौन बैठा है?

प्रभंजन, मेघ, दामिनि ने
न क्या तोड़ा, न क्या फोड़ा,
धरा के और नभ के बीच
कुछ साबित नहीं छोड़ा;
मगर विश्वास को अपने
बचाए कौन बैठा है?
अँधेरी रात में दीपक
जलाए कौन बैठा है?

प्रलय की रात में सोचे
प्रणय की बात क्या कोई,
मगर पड़ प्रेम बन्धन में
समझ किसने नहीं खोई;
किसी के पंथ में पलकें
बिछाए कौन बैठा है?
अँधेरी रात में दीपक
जलाए कौन बैठा है?

6. नागिन

नर्तन कर, नर्तन कर, नागिन,
मेरे जीवन के आँगन में!

तू प्रलय काल के मेघों का
कज्जल-सा कालापन लेकर,
तू नवल सृष्टि की ऊषा की
नव द्युति अपने अंगों में भर,
बड़वाग्नि-विलोड़ित अंबुधि
की उत्तुंग तरंगों से गति ले,

रथ युत रवि-शशि को बंदी कर
दृग–कोयों का रच बंदीघर
कौंधती तड़ित को जिह्वा-सी
विष-मधुमय दाँतों में दाबे,
तू प्रकट हुई सहसा कैसे
मेरी जगती में, जीवन में?
नर्तन कर, नर्तन कर, नागिन,
मेरे जीवन के आँगन में!

तू मनोमोहिनी रंभा-सी,
तू रूपवती रति रानी-सी,
तू मोहमयी उर्वशी सदृश,
तू मानमयी इन्द्राणी-सी,
तू दयामयी जगदंबा-सी
तू मृत्यु सदृश कटु, क्रूर, निठुर,
तू प्रलयंकारी कालिका सदृश,
तू भयंकरी रुद्राणी-सी,
तू प्रीति, भीति, आसक्ति, घृणा
की एक विषम संज्ञा बनकर,
परिवर्तित होने को आई
मेरे आगे क्षण-प्रतिक्षण में।
नर्तन कर, नर्तन कर, नागिन,
मेरे जीवन के आँगन में!

प्रलयंकर शंकर के सिर पर
जो धूलि-धूसरित जटाजूट,
उसमें कल्पों से सोई थी
पी कालकूट का एक घूँट,
सहसा समाधि कर भंग शंभु
जब ताँडव में तल्लीन हुए,
निद्रालसमय, तन्द्रानिमग्न
तू धूमकेतू-सी पड़ी छूट;

अब घूम जलस्थल-अम्बर में,
अब घूम लोक-लोकान्तर में
तू किसको खोजा करती है,
तू है किसके अन्वीक्षण में?
नर्तन कर, नर्तन कर, नागिन,
मेरे जीवन के आँगन में!

तू नागयोनि नागिनी नहीं,
तू विश्व विमोहक वह माया,
जिसके इंगित पर युग-युग से
यह निखिल विश्व नचता आया,
अपने तप के तेजोबल से
दे तुझको व्याली की काया,
धूर्जटि ने अपने जटिल जूट-
व्यूहों में तुझको भरमाया,
पर मदन-कदन कर महाजतन
भी तुझे न सब दिन बाँध सके,
तू फिर स्वतन्त्र बन फिरती है
सबके लोचन में, तन-मन में;
नर्तन कर, नर्तन कर, नागिन,
मेरे जीवन के आँगन में!

तू फिरती चंचल फिरकी-सी
अपने फन में फुफकार लिए,
दिग्गज भी जिससे काँप उठें
ऐसा भीषण हुंकार लिए,
पर पल में तेरा स्वर बदला,
पल में तेरी मुद्रा बदली,
तेरा रूठा है कौन कि तू
अधरों पर मृदु मनुहार लिए,

अभिनन्दन करती है उसका,
अभिवादन करती है उसका,
लगती है कुछ भी देर नहीं
तेरे मन के परिवर्तन में;
नर्तन कर, नर्तन कर, नागिन,
मेरे जीवन के आँगन में!

प्रेयसि का जग के तापों से
रक्षा करने वाला अंचल,
चंचल यौवन कल पाता है
पाकर जिसकी छाया शीतल,
जीवन का अन्तिम वस्त्र कफ़न
जिसको नख से शिख तक तनकर
वह सोता ऐसी निद्रा में
है होता जिसके हेतु न कल,
जिसको मन तरसा करता है
जिससे मन डरपा करता है,
दोनों की झलक मुझे मिलती
तेरे फन के अवगुंठन में!
नर्तन कर, नर्तन कर, नागिन,
मेरे जीवन के आँगन में!

जाग्रत जीवन का कम्पन है
तेरे अंगों के कम्पन में,
पागल प्राणों का स्पंदन है
तेरे अंगों के स्पंदन में,
तेरी द्रुत दोलित काया में
मतवाली घड़ियों की धड़कन,
उन्मद साँसों की सिहरन है
तेरी काया के सिहरन में,

अल्हड़ यौवन करवट लेता
जब तू भू पर लुंठित होती,
अलमस्त जवानी अँगड़ाती
तेरे अंगों की ऐंठन में,
नर्तन कर, नर्तन कर, नागिन,
मेरे जीवन के आँगन में!

तू उच्च महत्त्वाकांक्षा-सी
नीचे से उठती ऊपर को,
निज मुकुट बना लेगी जैसे
तारावलि-मंडित अम्बर को,
तू विनत प्रार्थना-सी झुककर
ऊपर से नीचे को आती,
जैसे कि किसी की पद-रज से
ढकने को है अपने सिर को,
तू आशा-सी आगे बढ़ती,
तू लज्जा-सी पीछे हटती,
जब एक जगह टिकती, लगती
दृढ़ निश्चय-सी निश्चल मन में
नर्तन कर, नर्तन कर, नागिन,
मेरे जीवन के आँगन में!

मलयाचल से मलयानिल-सी
पल बल खाती, पल इतराती
तू जब आती, युग-युग दहती
शीतल हो जाती है छाती,
पर जब चलती उद्वेग भरी
उत्तप्त मरुस्थल की लू-सी
चिर संचित, सिंचित अन्तर के
नन्दन में आग लगा जाती;

शत हिम शिखरों की शीतलता,
शत ज्वालामुखियों की दहकन,
दोनों आभासित होती हैं
मुझको तेरे आलिंगन में!
नर्तन कर, नर्तन कर, नागिन,
मेरे जीवन के आँगन में!

इस पुतली के अन्दर चित्रित
जग के अतीत की करुण कथा,
जग के यौवन का संघर्षण,
जग के जीवन की दुसह व्यथा;
है झूम रही उस पुतली में
ऐसे सुख-सपनों की झाँकी,
जो निकली है जब आशा ने
दुर्गम भविष्य का गर्भ मथा;
हो क्षुब्ध-मुग्ध पल-पल क्रम से
लंगर-सा हिल-हिल वर्तमान
मुख अपना देखा करता है
तेरे नयनों के दर्पण में;
नर्तन कर, नर्तन कर, नागिन,
मेरे जीवन के आँगन में!

तेरे आनन का एक नयन
दिनमणि-सा दिपता उस पथ पर,
जो स्वर्ग लोक को जाता है,
जो अति संकटमय, अति दुस्तर;
तेरे आनन का एक नेत्र
दीपक-सा उस मग पर जगता
जो नरक लोक को जाता है,
जो अति सुखमय, अति सुखकर;

दोनों के अन्दर आमन्त्रण,
दोनों के अन्दर आकर्षण,
खुलते-मुंदते हैं स्वर्ग-नरक के
दर तेरी हर चितवन में!
नर्तन कर, नर्तन कर, नागिन,
मेरे जीवन के आँगन में!

सहसा यह तेरी भृकुटि झुकी,
नभ से करुणा की वृष्टि हुई,
मृत-मूर्छित पृथ्वी के ऊपर
फिर से जीवन की सृष्टि हुई,
सहसा यह तेरी भृकुटि तनी,
नभ से अंगारे बरस पड़े,
जग के आँगन में लपट उठी,
स्वप्नों की दुनिया नष्ट हुई;
स्वेच्छाचारिणि, है निष्कारण
सब तेरे मन का क्रोध, कृपा,
जग मिटता-बनता रहता है
तेरे भ्रू के संचालन में;
नर्तन कर, नर्तन कर, नागिन,
मेरे जीवन के आँगन में!

अपने प्रतिकूल गुणों की सब
माया तू संग दिखाती है,
भ्रम, भय, संशय, सन्देहों से
काया विजड़ित हो जाती है,
फिर एक लहर-सी आती है,
फिर होश अचानक होता है,
विश्वासमयी आशा, निष्ठा,
श्रद्धा पलकों पर छाती है;

तू मार अमृत से सकती है,
अमरत्व गरल से दे सकती,
मेरी मति सब सुध-बुध भूली
तेरे छलनामय लक्षण में;
नर्तन कर, नर्तन कर, नागिन,
मेरे जीवन के आँगन में!

विपरीत क्रियाएँ मेरी भी
अब होती हैं तेरे आगे,
पग तेरे पास चले आए
जब वे तेरे भय से भागे,
मायाविनि, क्या कर देती है
सीधा उलटा हो जाता है,
जब मुक्ति चाहता था अपनी
तुझसे मैंने बन्धन माँगे,
अब शान्ति दुसह-सी लगती है,
अब मन अशान्ति में रमता है,
अब जलन सुहाती है उर को,
अब सुख मिलता उत्पीड़न में;
नर्तन कर, नर्तन कर, नागिन,
मेरे जीवन के आँगन में!

तूने आँखों में आँख डाल
है बाँध लिया मेरे मन को,
मैं तुझे कीलने चला मगर
कीला तूने मेरे तन को,
तेरी परछाईं-सा बन मैं
तेरे सँग हिलता-डुलता हूँ,
मैं नहीं समझता अलग-अलग
अब तेरे—अपने जीवन को,

मैं तन-मन का दुर्बल प्राणी
ज्ञानी, ध्यानी भी बड़े-बड़े
हो दास चुके तेरे, मुझको
क्या लज्जा आत्मसमर्पण में;
नर्तन कर, नर्तन कर, नागिन,
मेरे जीवन के आँगन में!

तुझपर न सका चल कोई भी
मेरा प्रयोग मारण-मोहन,
तेरा न फिरा मन और कहीं,
फेंका भी मैंने उच्चाटन,
सब मन्त्र, तन्त्र, अभिचारों पर
तू हुई विजयिनी निष्प्रयत्न,
उलटा तेरे वश में आया
मेरा परिचालित वशीकरण;
कर यत्न थका, तू सध न सकी
मेरे गीतों से, गायन से
कर यत्न थका, तू बँध न सकी
मेरे छन्दों के बन्धन में;
नर्तन कर, नर्तन कर, नागिन,
मेरे जीवन के आँगन में!

सब साम-दाम औ' दण्ड-भेद
तेरे आगे बेकार हुआ,
जप, तप, व्रत, संयम, साधन का
असफल सारा व्यापार हुआ,
तू दूर न मुझसे भाग सकी,
मैं दूर न तुझसे भाग सका,
अनिवारिणि, करने को अन्तिम
निश्चय, ले, मैं तैयार हुआ—

अब शान्ति, अशान्ति, मरण, जीवन
या इनसे भी कुछ भिन्न अगर,
सब तेरे विषमय चुम्बन में
सब तेरे मधुमय दंशन में!
नर्तन कर, नर्तन कर, नागिन,
मेरे जीवन के आँगन में!

7. मयूरी

मयूरी
नाच, मगन–मन नाच!

गगन में सावन घन छाए,
न क्यों सुधि साजन की आए;
मयूरी, आँगन-आँगन नाच!
मयूरी,
नाच, मगन–मन नाच!

धरणि पर छाई हरियाली,
सजी कलि-कुसुमों से डाली;
मयूरी, मधुवन, मधुवन नाच!
मयूरी
नाच, मगन–मन नाच!

समीरण सौरभ सरसाता,
घुमड़ घन मधुकण बरसाता;
मयूरी, नाच, मदिर-मन नाच!
मयूरी
नाच, मगन–मन नाच!

निछावर इन्द्रधुनष तुझपर,
निछावर प्रकृति, पुरुष तुझपर,
मयूरी, उन्मन-उन्मन नाच!
मयूरी, छूम-छनाछन नाच!
मयूरी, नाच मगन-मन नाच!

अभावों की रागिनी
अँधेरे का दीपक
यात्रा और यात्री
पथ की पहचान
नन्दन और बगिया
जो बीत गई
कामना

दूसरा रंग

1. अभावों की रागिनी

कौन गाता है कि सोई
पीर जागी जा रही है!

हास लहरों का सतह को
छोड़ तह में सो गया है,
गान विहगों का उतर तरु-
पल्लवों में खो गया है,
छिप गई है जा क्षितिज पर
वायु चिर चंचल दिवस की,
बन्द घर-घर में शहर का
शोर सारा हो गया है,
पहुँच नीड़ों में गए
पिछड़े हुए दिग्भ्रान्त खग भी,
किन्तु ध्वनि किसकी गगन में
अब तलक मण्डरा रही है;
कौन गाता है कि सोई
पीर जागी जा रही है।

चीर किसके कण्ठ को यह
उठ रही आवाज़ ऊपर,
दर न दीवारें जिसे हैं
रोक सकतीं, छत न छप्पर,

जो बिलमती है नहीं नभ-
चुम्बिनी अट्टालिका में,
हैं लुभा सकते न जिसको
व्योम के गुम्बद मनोहर,
जो अटकती है नहीं
आकाश-भेदी धरहरों में,
लौट बस जिसकी प्रतिध्वनि
तारकों से आ रही है;
कौन गाता है कि सोई
पीर जागी जा रही है!

बोल, ऐ आवाज़, तू किस
ओर जाना चाहती है,
दर्द तू अपना बता
किसको जताना चाहती है,
कौन तेरा खो गया है
इस अँधेरी यामिनी में,
तू जिसे फिर से निकट
अपने बुलाना चाहती है,
खोजती फिरती किसे तू
इस तरह पागल, विकल हो,
चाह किसकी है तुझे जो
इस तरह तड़पा रही है;
कौन गाता है कि सोई
पीर जागी जा रही है!

बोल, क्या तू थक गई है
विश्व को विनती सुनाते,
बोल, क्या तू थक गई है
विश्व से आशा लगाते,
क्या सही अपनी उपेक्षा
अब नहीं जाती जगत से,

बोल क्या ऊबी परीक्षा
धैर्य की अपनी कराते,
जो कि खो विश्वास पूरा
विश्व की संवेदना में,
स्वर्ग को अपनी व्यथाएँ
आज तू बतला रही है;
कौन गाता है कि सोई
पीर जागी जा रही है!

अनसुनी आवाज़ जो
संसार में होती रही है,
स्वर्ग में भी साख अपना
वह सदा खोती रही है,
स्वर्ग तो कुछ भी नहीं है
छोड़कर छाया जगत की,
स्वर्ग सपने देखती दुनिया
सदा सोती रही है,
पर किसी असहाय मन के
बीच बाकी एक आशा
एक बाकी आसरे का
गीत गाती जा रही है;
कौन गाता है कि सोई
पीर जागी जा रही है!

पर अभावों की अरी ओ
रागिनी, तू कब अकेली,
तान मेरे भी हृदय की,
ले, बनी तेरी सहेली,
हो रहे, होंगे ध्वनित
कितने हृदय यों साथ तेरे,

तू बुझाती, बूझती जाती
युगों से यह पहेली–
"एक ऐसा गीत गाया
जो सदा जाता अकेले,
एक ऐसा गीत जिसको
सृष्टि सारी गा रही है;"
कौन गाता है कि सोई
पीर जागी जा रही है।

2. अँधेरे का दीपक

है अँधेरी रात, पर
दीवा जलाना कब मना है?

कल्पना के हाथ से कम-
नीय जो मन्दिर बना था,
भावना के हाथ ने जिसमें
वितानों को तना था,
स्वप्न ने अपने करों से
था जिसे रुचि से सँवारा,
स्वर्ग के दुष्प्राप्य रंगों
से, रसों से जो सना था,
ढह गया वह तो जुटाकर
ईंट, पत्थर, कंकड़ों को
एक अपनी शान्ति की
कुटिया बनाना कब मना है?
है अँधेरी रात पर
दीवा जलाना कब मना है?

बादलों के अश्रु से धोया
गया नभ-नील नीलम

का बनाया था गया मधु-
पात्र मनमोहक, मनोरम,
प्रथम ऊषा की किरण की
लालिमा-सी लाल मदिरा
थी उसी में चमचमाती
नव घनों में चंचला सम,
वह अगर टूटा मिलाकर
हाथ की दोनों हथेली,
एक निर्मल स्रोत से
तृष्णा बुझाना कब मना है?
है अँधेरी रात, पर
दीवा जलाना कब मना है?

क्या घड़ी थी एक भी
चिन्ता नहीं थी पास आई,
कालिमा तो दूर, छाया
भी पलक पर थी न छाई,
आँख से मस्ती झपकती,
बात से मस्ती टपकती,
थी हँसी ऐसी जिसे सुन
बादलों ने शर्म खाई,
वह गई तो ले गई
उल्लास के आधार, माना,
पर अथिरता पर समय की
मुसकराना कब मना है?
है अँधेरी रात, पर
दीवा जलाना कब मना है?

हाय, वे उन्माद के झोंके
कि जिनमें राग जागा,

वैभवों से फेर आँखें
गान का वरदान माँगा,
एक अन्तर से ध्वनित हों
दूसरे में जो निरन्तर,
भर दिया अम्बर-अवनि को
मत्तता के गीत गा-गा,
अन्त उनका हो गया तो
मन बहलने के लिए ही,
ले अधूरी पंक्ति कोई
गुनगुनाना कब मना है?
है अँधेरी रात, पर
दीवा जलाना कब मना है?

हाय वे साथी कि चुम्बक-
लौह-से जो पास आए,
पास क्या आए, हृदय के
बीच ही गोया समाए,

दिन कटे ऐसे कि कोई
तार वीणा के मिलाकर
एक मीठा और प्यारा
ज़िन्दगी का गीत गाए,
वे गए तो सोचकर यह
लौटने वाले नहीं वे,
खोज मन का मीत कोई
लौ लगाना कब मना है?
है अँधेरी रात, पर
दीवा जलाना कब मना है?

क्या हवाएँ थीं कि उजड़ा
प्यार का वह आशियाना,

कुछ न आया काम तेरा
शोर करना, गुल मचाना,
नाश की उन शक्तियों के
साथ चलता ज़ोर किसका,
किन्तु ऐ निर्माण के
प्रतिनिधि, तुझे होगा बताना,
जो बसे हैं वे उजड़ते
हैं प्रकृति के जड़ नियम से,
पर किसी उजड़े हुए को
फिर बसाना कब मना है?
है अँधेरी रात, पर
दीवा जलाना कब मना है?

3. यात्रा और यात्री

साँस चलती है तुझे
चलना पड़ेगा ही, मुसाफ़िर!

चल रहा है तारकों का
दल गगन में गीत गाता,
चल रहा आकाश भी है
शून्य में भ्रमता-भ्रमाता,
पाँव के नीचे पड़ी
अचला नहीं, यह चंचला है,
एक कण भी, एक क्षण भी
एक थल पर टिक न पाता,
शक्तियाँ गति की तुझे
सब ओर से घेरे हुए हैं;
स्थान से अपने तुझे
टलना पड़ेगा ही, मुसाफ़िर!

साँस चलती है तुझे
चलना पड़ेगा ही, मुसाफ़िर!

थे जहाँ पर गर्त पैरों
को ज़माना ही पड़ा था,
पत्थरों से पाँव के
छाले छिलाना ही पड़ा था,
घास मखमल-सी जहाँ थी
मन गया था लोट सहसा,
थी घनी छाया जहाँ पर
तन जुड़ाना ही पड़ा था,
पग परीक्षा, पग प्रलोभन
ज़ोर-कमज़ोरी भरा तू
इस तरफ़ डटना उधर
ढलना पड़ेगा ही, मुसाफ़िर;
साँस चलती है तुझे
चलना पड़ेगा ही, मुसाफ़िर!

शूल कुछ ऐसे, पगों में
चेतना की स्फूर्ति भरते,
तेज़ चलने को विवश
करते, हमेशा जबकि गड़ते,
शुक्रिया उनका कि वे
पथ को रहे प्रेरक बनाए,
किन्तु कुछ ऐसे कि रुकने
के लिए मजबूर करते,
और जो उत्साह का
देते कलेजा चीर, ऐसे
कंटकों का दल तुझे
दलना पड़ेगा ही, मुसाफ़िर;
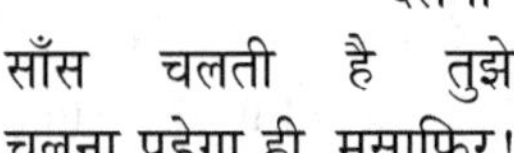
साँस चलती है तुझे
चलना पड़ेगा ही, मुसाफ़िर!

सूर्य ने हँसना भुलाया,
चन्द्रमा ने मुसकराना,
और भूली यामिनी भी
तारिकाओं को जगाना,
एक झोंके ने बुझाया
हाथ का भी दीप लेकिन
मत बना इसको पथिक तू
बैठ जाने का बहाना,
एक कोने में हृदय के
आग तेरे जग रही है,
देखने को मग तुझे
जलना पड़ेगा ही, मुसाफ़िर;
साँस चलती है तुझे
चलना पड़ेगा ही, मुसाफ़िर!

वह कठिन पथ और कब
उसकी मुसीबत भूलती है,
साँस उसकी याद करके
भी अभी तक फूलती है;
यह मनुज की वीरता है
या कि उसकी बेहयाई,
साथ ही आशा सुखों का
स्वप्न लेकर झूलती है
सत्य सुधियाँ, झूठ शायद
स्वप्न, पर चलना अगर है,
झूठ से सच को तुझे
छलना पड़ेगा ही, मुसाफ़िर;
साँस चलती है तुझे
चलना पड़ेगा ही, मुसाफ़िर!

4. पथ की पहचान

पूर्व चलने के, बटोही,
बाट की पहचान कर ले!
पुस्तकों में है नहीं
छापी गई इसकी कहानी,
हाल इसका ज्ञात होता
है न औरों की ज़बानी,
अनगिनत राही गए इस
राह से, उनका पता क्या,
पर गए कुछ लोग इसपर
छोड़ पैरों की निशानी,
यह निशानी मूक होकर
भी बहुत कुछ बोलती है,
खोल इसका अर्थ, पंथी,
पंथ का अनुमान कर ले!
पूर्व चलने के, बटोही,
बाट की पहचान कर ले!

यह बुरा है या कि अच्छा,
व्यर्थ दिन इस पर बिताना,
जब असम्भव छोड़ यह पथ
दूसरे पर पग बढ़ाना,
तू इसे अच्छा समझ,
यात्रा सरल इससे बनेगी,
सोच मत केवल तुझे ही
यह पड़ा मन में बिठाना,
हर सफल पंथी यही
विश्वास ले इसपर बढ़ा है,
तू इसी पर आज अपने
चित्त का अवधान कर ले!

पूर्व चलने के, बटोही,
बाट की पहचान कर ले!

है अनिश्चित किस जगह पर
सरित, गिरि, गह्वर मिलेंगे,
है अनिश्चित किस जगह पर
बाग, वन सुन्दर मिलेंगे,
किस जगह यात्रा खतम हो
जाएगी, यह भी अनिश्चित,
है अनिश्चित, कब सुमन, कब
कंटकों के शर मिलेंगे,
कौन सहसा छूट जाएँगे
मिलेंगे कौन सहसा,
आ पड़े कुछ भी, रुकेगा
तू न, ऐसी आन कर ले!
पूर्व चलने के, बटोही,
बाट की पहचान कर ले!

कौन कहता है कि स्वप्नों
को न आने दे हृदय में,
देखते सब हैं इन्हें
अपनी उमर, अपने समय में,
और तू कर यत्न भी तो
मिल नहीं सकती सफलता,
ये उदय होते लिए कुछ
ध्येय नयनों के निलय में,
किन्तु जग के पंथ पर यदि
स्वप्न दो तो सत्य दो सौ,
स्वप्न पर ही मुग्ध मत हो,
सत्य का भी ज्ञान कर ले!
पूर्व चलने के, बटोही,
बाट की पहचान कर ले!

स्वप्न आता स्वर्ग का, दृग-
कोरकों में दीप्ति आती,
पंख लग जाते पगों को,
ललकती उन्मुक्त छाती,
रास्ते का एक काँटा
पाँव का दिल चीर देता,
रक्त की दो बूँद गिरती,
एक दुनिया डूब जाती,
'आँख में हो स्वर्ग लेकिन
पाँव पृथ्वी पर टिके हों',
कंटकों की इस अनोखी
सीख का सम्मान कर ले!
पूर्व चलने के, बटोही,
बाट की पहचान कर ले!

5. नन्दन और बगिया

सोच न कर सूखे नन्दन का,
देता जा बगिया में पानी!

कहाँ गया वह मधुवन जिसकी
आभा-शोभा नित्य नई थी,
जिसके आँगन में वासन्ती
आकर जाना भूल गई थी,
जिसमें खिलती थीं इच्छा की
कलियाँ, अभिलाषा फलती थी,
साँसों में भरती मादकता
वायु जहाँ की मोदमयी थी,
यह सूखा तो आँसू से क्या,
हृदय-रक्त से हरा न होगा,

सूख-सूख फिर-फिर लहराता
वसुधा का ही अंचल धानी।
सोच न कर सूखे नन्दन का,
देता जा बगिया में पानी!

दिगूदिगंत में गुंजित होने-
वाला स्वर पड़ मंद गया क्यों?
जुड़ा हुआ शब्दों–भावों से
खण्ड-खण्ड हो छन्द गया क्यों?
गाती थीं नन्दन की परियाँ,
राग मिला तू भी गाता था,
बन्द हुए यदि उनके गायन,
गाना तेरा बन्द हुआ क्यों?
प्रेरित होने वाले मन की
प्रेरक शक्ति अकेली कब थी,
मूक पड़े गंधर्वों के सुर,
कूक रही कोयल मस्तानी;
सोच न कर सूखे नन्दन का,
देता जा बगिया में पानी!

उस मधुवन का स्वप्न भला क्या
जहाँ नहीं पतझड़ आता है,
जहाँ सुमन अपने जोबन पर
आकर नहीं बिखर पाता है,
जहाँ ढुलकते नहीं कली की
आँखों से मोती के आँसू,
जहाँ नहीं कोकिल का व्याकुल
क्रन्दन गायन बन जाता है
मर्त्य अमर्त्यों के सपने से
धोका देता है अपने को,
अमरों के अमरण जीवन से
मादक मेरी क्षणिक जवानी;

सोच न कर सूखे नन्दन का,
देता जा बगिया में पानी!

धन्यवाद दे, नन्दन के मिटने
से तूने धरती देखी,
जड़ दुनिया के बदले तूने
दुनिया जीती-मरती देखी,
वह मन की मूरत थी, उसमें
प्राण कहाँ थे, ओ दीवाने,
यह दुनिया तूने साँसों पर
दबती और उभरती देखी,
स्वप्न हृदय मथकर मिलते हैं,
मूल्य बड़ा उनका, तिसपर भी,
एक सत्य के ऊपर होती
सौ-सौ सपनों की कुर्बानी;
सोच न कर सूखे नन्दन का,
देता जा बगिया में पानी!

6. जो बीत गई

जो बीत गई सो बात गई!

जीवन में एक सितारा था
माना, वह बेहद प्यारा था,
वह डूब गया तो डूब गया;
अम्बर के आनन को देखो,
कितने इसके तारे टूटे,
कितने इसके प्यारे छूटे,
जो छूट गए फिर कहाँ मिले;
पर बोलो टूटे तारों पर

कब अम्बर शोक मनाता है!
जो बीत गई सो बात गई!

जीवन में वह था एक कुसुम,
थे उस पर नित्य निछावर तुम,
वह सूख गया तो सूख गया;
मधुवन की छाती को देखो,
सूखी कितनी इसकी कलियाँ,
मुरझाईं कितनी वल्लरियाँ,
जो मुरझाईं फिर कहाँ खिलीं;
पर बोलो सूखे फूलों पर
कब मधुवन शोर मचाता है!
जो बीत गई सो बात गई!

जीवन में मधु का प्याला था,
तुमने तन-मन दे डाला था,
वह टूट गया तो टूट गया;
मदिरालय का आँगन देखो,
कितने प्याले हिल जाते हैं,
गिर मिट्टी में मिल जाते हैं,
जो गिरते हैं कब उठते हैं;
पर बोलो टूटे प्यालों पर
कब मदिरालय पछताता है!
जो बीत गई सो बात गई!

मृदु मिट्टी के हैं बने हुए,
मधु घट फूटा ही करते हैं,
लघु जीवन लेकर आए हैं,
प्याले टूटा ही करते हैं,
फिर भी मदिरालय के अन्दर
मधु के घट हैं, मधुप्याले हैं,

जो मादकता के मारे हैं
वे मधु लूटा ही करते हैं,
वह कच्चा पीनेवाला है
जिसकी ममता घट-प्यालों पर,

वह सच्चे मधु से जला हुआ
कब रोता है, चिल्लाता है!
जो बीत गई सो बात गई!

7. कामना

संक्रामक शिशिर समीरण छू
जब मधुवन पीला पड़ जाता,
जब कुसुम-कुसुम, जब कली-कली
गिर जाती, पत्ता झड़ जाता,

तब पतझड़ का उजड़ा आँगन
करुणा-ममतामय स्वर वाली
जो कोकिल मुखरित रखती है
तेरे मन को भी बहलाए!

जब ताप भरा, जब दाप भरा
दुख-दीर्घ दिवस ढल चुकता है,
जब अंग-अंग, जब रोम-रोम
वसुधातल का जल चुकता है,
तब शीतल, कोमल, स्नेह भरी
जो शशि किरणें चुपके-चुपके
पृथ्वी पर छाती सहलातीं,
तेरे छाले भी सहलाएँ?

जब प्यास-प्यास कर धरती का
पौधा-पौधा मुर्झाता है,

जब बूँद-बूँद को तरस-तरस
तिनका-तिनका मर जाता है,
तब नव जलधर की जो बूँदें
बरसातीं भू पर हरियाली,
तेरे मानस के अन्दर भी
आशा के अंकुर उकसाएँ!

प्रलयांधकार से घिर-घिरकर
युग-युग निश्चल सोने पर भी
युग-युग चेतनता के सारे
लक्षण-लक्षण खोने पर भी
जो सहसा पड़ती जाग राग,
रस, रंगों की प्रतिमा बनकर
वह तुझे मृत्यु की गोदी में
जीवन के सपने दिखलाए!

प्रतिकूल

सम्मानित

अजेय

अधिकारी

प्रत्याशा

चेतावनी

निर्माण

तीसरा रंग

1. प्रतिकूल

बहती है वासन्ती बयार,
पर एक पेड़ शाखावशेष
कर सान्ध्य गगन को पृष्ठभूमि
है खड़ा हुआ अविचल उदास,
कोकिल के स्वर से उदासीन;
है सोच रहा मन में मानो
उन मरकत पत्रों की बातें,
जो ऋतु-ऋतु मर्मर ध्वनि करते
उसकी डाली-डाली झूले,
उन कलियों की, उन कुसुमों की,
जो उसकी गोद में फूले,
जो पड़ पीले, सूखे ढीले
गिर गए, झड़े, औ' फिर न उठे!
जब उसे उचित, हो परिस्फुटित
शत-शत अंकुर में मृदुल-मृदुल!

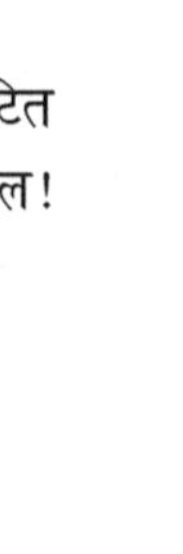

पड़ती है पावस की फुहार,
पर वसुन्धरा का एक भाग
है लुटा हुआ जिसका सुहाग,
खल्वाटों-सा जिसका ललाट,
है पड़ा चटानों-सा अचेत,
है सोच रहा मन में मानो
उन कोमल-कोमल हरे-हरे

लघु-लघु तृण-पौधों की बातें,
जिनकी मखमल-सी शैया पर
मलयानिल करवट लेता था,
आशीष—दुआएँ देता था,
जो ग्रीष्मातप में जल जलकर
ऐसे सूखे फिर उग न सके!
जब उसे उचित, हो नव सज्जित
हरियाली से मंजुल-मंजुल!
आती है जीवन की पुकार,
पर मानवता का एक सजग
प्रतिनिधि सुधियों के खंडहर में
है बैठा चिंता में निमग्न
कर अपने दोनों कान बंद;
है सोच रहा मन में मानो
उन मादक स्वप्नों की बातें,
जिनमें इच्छाएँ मूर्तिमान
हो सहसा अंतर्धान हुईं,
उन मधुर सूरतों की बातें,
जो मन-मंदिर में विहँस-खेल
औ' पल भर चहल-पहल करके
हो लुप्त गईं औ' फिर न मिलीं!
जब उसे उचित, हो प्रतिध्वनित
उसके प्रति स्वर पर पुलकाकुल।

2. सम्मानित

पथ में भरी गई कठिनाई,
मंज़िल तेरे पास न आई,
(नहीं शत्रुता थी यह तुझसे)
क्योंकि चला था तू ले करके
कभी नहीं रुकने की आन।

रवि ने तुमको पथ न दिखाया,
झंझा ने कर-दीप बुझाया,
(नहीं उपेक्षा थी यह तेरी)
क्योंकि जगत में एक तुझे था,
अपनी ज्वाला का अभिमान!

ऊँचा तूने हाथ उठाया,
लेकिन अपना लक्ष्य न पाया,
(यह तेरा उपहास नहीं था)
क्योंकि तुझे थी केवल अपने
मनुजोचित क़द की पहचान!
अमर वेदनाओं से अन्तर
मथा गया तेरा निशि-वासर,
(यह तुझपर अन्याय नहीं था)
क्योंकि यही था सबसे बढ़कर
तेरी छाती का सम्मान!

3. अजेय

अजेय तू अभी बना!
न मंज़िलें मिलीं कभी,
न मुश्किलें हिलीं कभी,
मगर क़दम थके नहीं,
क़रार - क़ौल जो ठना !
अजेय तू अभी बना !

सफल न एक चाह भी,
सुनी न एक आह भी,
मगर नयन भुला सके
कभी न स्वप्न देखना!
अजेय तू अभी बना!

अतीत याद है तुझे,
कठिन विषाद है तुझे,
मगर भविष्य से रुका
न अँखमुदौल खेलना!
अजेय तू अभी बना!

सुरा समाप्त हो चुकी,
सुपात्र-माल खो चुकी,
मगर मिटी, हटी, दबी
कभी न प्यास-वासना!
अजेय तू अभी बना!

पहाड़ टूटकर गिरा,
प्रलय पयोद भी घिरा,
मनुष्य है कि देव है
कि मेरुदंड है तना!
अजेय तू अभी बना!

4. अधिकारी

तू तिमिर में धँस चुका है,
तू तिमिर में बस चुका है,
इसलिए तेरे नयन को
ज्योति का जादू समझने
का मिला अधिकार।

तू उपेक्षा सह चुका है,
तू घृणा में दह चुका है,
इसलिए तेरा हृदय ही
जान सकता है कभी
वरदान क्या है प्यार!

प्रतिध्वनित करता रहा है
शून्य जो तूने कहा है,
इसलिए तुझको प्रणय की
एक दिन देगी सुनाई
दुर्निवार पुकार।

कपट के कटु पाश में फँस
तू लुटा था, इसलिए बस
तू बताएगा कि कैसे
स्नेह-बन्धन खोलते हैं
मुक्ति का नव द्वार।

5. प्रत्याशा

किया गया मधुवन को विह्वल,
टूटा तरुओं का दल, प्रतिदल,
फाड़ा गया कुसुम का दामन,
चीरा गया कली का अंचल,
क्योंकि कोकिला की वाणी में
थी वह शक्ति कि जिसके द्वारा
मृत मधुवन को दे सकती थी
फिर से वह जीवन का दान।

मिला सूर्य को देश-निकाला,
हरा गया जग का उजियाला,
बहुरंगी दुनिया के ऊपर
फैला तम का परदा काला,
क्योंकि उषा के नवल हास में
थी वह शक्ति कि जिसके द्वारा
तिमिरावृत जग पर वह फिर से

ला सकती थी स्वर्ण विहान।

दुनिया गई जलाई तेरी,
दुनिया गई मिटाई तेरी,
सोने का संसार जहाँ था,
वहाँ लगी मिट्टी की ढेरी,
क्योंकि हृदय के अन्दर तेरे
थी वह शक्ति कि जिसके द्वारा
महानाश की छाती पर तू
कर सकता था नव निर्माण!

6. चेतावनी

मानी, देख न कर नादानी!
मातम का तम छाया, माना,
अन्तिम सत्य इसे यदि जाना,
तो तूने जीवन की अब तक आधी सुनी कहानी!
मानी, देख न कर नादानी!

सुन यदि तूने आशा छोड़ी,
तो अपनी परिभाषा छोड़ी,
तुझे मिली थी यह अमरों की केवल एक निशानी।
मानी, देख न कर नादानी!

ध्वंसों में यदि सिर न उठाया,
सर्जन का यदि गीत न गाया,
स्वर्ग लोक की आशाओं पर फिर जाएगा पानी।
मानी, देख न कर नादानी!

7. निर्माण

नीड़ का निर्माण फिर-फिर,
नेह का आह्वान फिर-फिर!

वह उठी आँधी कि नभ में
छा गया सहसा अँधेरा,
धूलि धूसर बादलों ने
भूमि को इस भाँति घेरा,
रात-सा दिन हो गया, फिर
रात आई और काली,
लग रहा था अब न होगा
इस निशा का फिर सवेरा,
रात के उत्पात-भय से
भीत जन-जन, भीत कण-कण,
किन्तु प्राची से उषा की
मोहिनी मुसकान फिर-फिर!
नीड़ का निर्माण फिर-फिर,
नेह का आह्वान फिर-फिर!

वह चले झोंके कि काँपे
भीम कायावान भूधर,
जड़ समेत उखड़-पुखड़कर
गिर पड़े, टूटे विटप वर,
हाय, तिनकों से विनिर्मित
घोंसलों पर क्या न बीती,
डगमगाए जबकि कंकड़,
ईंट, पत्थर के महल-घर;
बोल आशा के विहंगम,
किस जगह पर तू छिपा था,

जो गगन पर चढ़ उठाता
गर्व से निज तान फिर-फिर!
नीड़ का निर्माण फिर-फिर,
नेह का आह्वान फिर-फिर!

क्रुद्ध नभ के वज्र दन्तों
में उषा है मुसकराती,
घोर गर्जनमय गगन के
कण्ठ में खग पंक्ति गाती;
एक चिड़िया चोंच में तिनका
लिए जो जा रही है,
वह सहज में ही पवन
उंचास को नीचा दिखाती!
नाश के दुख से कभी
दबता नहीं निर्माण का सुख,
प्रलय की निस्तब्धता से
सृष्टि का नव गान फिर-फिर!

नीड़ का निर्माण फिर-फिर!
नेह का आह्वान फिर-फिर!

दो नयन

जादू

तूफ़ान

मृगतृष्णा

प्यार और संघर्ष

तुम नहीं हो

नई झनकार

चौथा रंग

1. दो नयन

दो नयन जिनसे कि फिर मैं
विश्व का शृंगार देखूँ।
स्वप्न की जलती हुई नगरी
धुवाँ जिनमें गई भर,
ज्योति जिनकी जा चुकी है
आँसुओं के साथ झर-झर,
मैं उन्हीं से किस तरह फिर
ज्योति का संसार देखूँ,
दो नयन जिनसे कि फिर मैं
विश्व का शृंगार देखूँ।

देखते युग-युग रहे जो
विश्व का वह रूप अपलक,
जो उपेक्षा, छल घृणा में
मग्न था नख से शिखा तक,
मैं उन्हीं से किस तरह फिर
प्यार का संसार देखूँ,
दो नयन जिनसे कि फिर मैं
विश्व का शृंगार देखूँ।

संकुचित दृग की परिधि थी
बात यह मैं मान लूँगा,
विश्व का इससे जुदा जब
रूप भी मैं जान लूँगा,
दो नयन जिनसे कि मैं

संसार का विस्तार देखूँ;
दो नयन जिनसे कि फिर मैं
विश्व का शृंगार देखूँ।

2. जादू

कौन जादू डालता है
आज फिर मेरे नयन में?
जो कुदिन पर थम गया था
चक्र फिरने का, समय का,
अस्त दुर्दिन में हुआ जो
भाग्य के नूतन उदय का,
कौन करता है इशारा
एक आशा की किरण में?
कौन जादू डालता है
आज फिर मेरे नयन में?

प्यार के संसार से चिर-
काल निर्वासित रहा जो,
जो अपरिचित सब जगह
अपमान, अवहेला सहा जो,
ले रहा है कौन उसको
आज फिर अपनी शरण में?
कौन जादू डालता है
आज फिर मेरे नयन में?

मैं नहीं ज्योतिर्विदों,
सामुद्रिकों के पास जाता,
क्योंकि मेरा कंठ ही
भवितव्यता मेरी बताता;
भर रहा है कौन भूला

राग फिर मेरे वचन में?
कौन जादू डालता है
आज फिर मेरे नयन में?

3. तूफ़ान

कौन यह तूफ़ान रोके?
हिल उठे जिससे समुन्दर,
हिल उठे दिशि और अम्बर,
हिल उठे जिससे धरा के
वन सघन कर शब्द हर-हर,
उस बवंडर के झकोरे
किस तरह इन्सान रोके?
कौन यह तूफ़ान रोके?

उठ गया, लो पाँव मेरा,
छुट गया, लो ठाँव मेरा,
अलविदा, ऐ साथवालो,
और मेरा पंथ-डेरा;
तुम न चाहो, मैं न चाहूँ,
कौन भाग्य-विधान रोके?
कौन यह तूफ़ान रोके?

आज मेरा दिल बढ़ा है,
आज मेरा दिल चढ़ा है
हो गया बेकार सारा
जो लिखा है, जो पढ़ा है,
रुक नहीं सकते हृदय के
आज तो अरमान रोके?
कौन यह तूफ़ान रोके?

आज करते हैं इशारे
उच्चतम नभ के सितारे,
निम्नतम घाटी डराती
आज अपना मुँह पसारे;
एक पल नीचे नज़र है,
एक पल ऊपर नज़र है;
कौन मेरे अश्रु थामे,
कौन मेरे गान रोके?
कौन यह तूफ़ान रोके?

4. मृगतृष्णा

अँखमिचौनी आज फिर तुम
खेलने आईं, सलोनी?
खोलकर पलकें दृगों में
रूप की मदिरा भरोगी,
पुतलियों में पैठ तैरोगी,
नयन मन्थन करोगी,
आज फिर मुझको पड़ेगी
शान्त मन की शान्ति खोनी।
अँखमिचौनी आज फिर तुम
खेलने आईं, सलोनी!

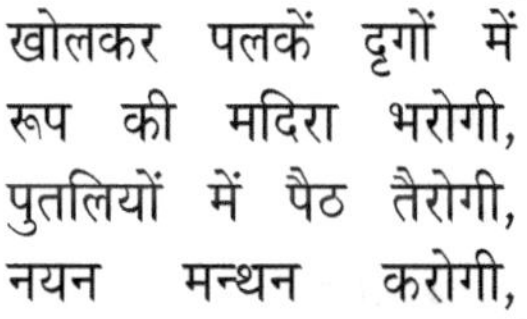

तुम करोगी आज मेरे
प्राण की पूरी समीक्षा,
तुम करोगी आज मेरे
धैर्य की पूरी परीक्षा,
आज फिर मुझको पड़ेगी
शक्तियाँ बिखरी सँजोनी।
अँखमिचौनी आज फिर तुम
खेलने आईं, सलोनी!

जानता मैं हूँ कि मृगभ्रम
तुम, नहीं हो धार जल की,
पर मुझे है लाज रखनी
आज अन्तर के अनल की,
चाहिए जिसमें सलिल के
नाम पर भी हौंस होनी;
अँखमिचौनी आज फिर तुम
खेलने आईं, सलोनी!

5. प्यार और संघर्ष

प्यार को संघर्ष मत, सुन्दरि, बनाओ!
अँखमिचौनी खेलती हो खूब खेलो,
खोज लूँगा, तुम कहीं भी आड़ ले लो,
खेल कब होगा ख़तम, यह तो बताओ,
प्यार को संघर्ष मत, सुन्दरि, बनाओ!

खेल कल का हो गया संग्राम, देखो
कुछ नहीं खोया, अगर परिणाम देखो,
जीत जाओगी अगर तुम हार जाओ,
प्यार को संघर्ष मत, सुन्दरि बनाओ!

प्रीति पुर में हैं हुए बंदी विजित कब,
बन्धनों में बाँध लो, कर लो विजय तब,
यह न मानो, एक मानी को गँवाओ,
प्यार को संघर्ष मत, सुन्दरि बनाओ!

प्रेरणा पर्याप्त थी मुझको हृदय की,
तुम समझती हो नहीं भाषा प्रणय की,
यह समय का व्यंग था–तुम दूर जाओ,
प्यार को संघर्ष मत, सुन्दरि बनाओ!

जिस तरह शिशिरान्त में कंकाल तरु पर
फैलती पत्रावली सहसा विहँसकर,
वृक्ष-जीवन में अगर तुम इस तरह से
आ नहीं सकतीं सहज ही तो न आओ
प्यार को संघर्ष मत, सुन्दरि बनाओ!

6. तुम नहीं हो

शब्द में ढल भाव मेरे
लेखनी पर जब उतरते,
तब विवश जिसके गले में
गीत बन-बनकर विचरते,
तुम नहीं हो
हाय, कोई दूसरा है।

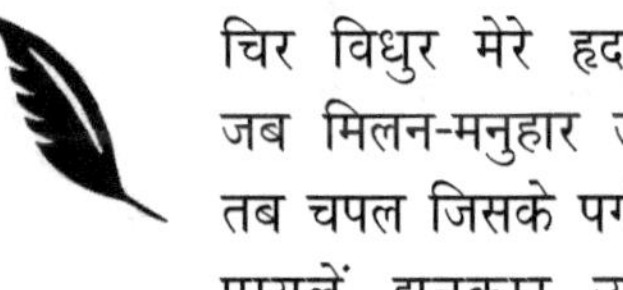

चिर विधुर मेरे हृदय में
जब मिलन-मनुहार उठती,
तब चपल जिसके पगों की
पायलें झनकार उठतीं,
तुम नहीं हो
हाय, कोई दूसरा है।

तीव्र जीवन की तृषा से
जबकि मेरा कंठ जलता,
तब अकारण ही पुलक मन-
प्राण ही जिसका पिघलता,
तुम नहीं हो
हाय, कोई दूसरा है।

7. नई झनकार

छू गया है कौन मन के तार,
वीणा बोलती है!

मौन तम के पार से यह कौन
तेरे पास आया,
मौत में सोए हुए संसार
को किसने जगाया,
कर गया है कौन फिर भिनसार,
वीणा बोलती है,
छू गया है कौन मन के तार,
वीणा बोलती है!

रश्मियों में रँग पहन ली आज
किसने लाल सारी,
फूल-कलियों से प्रकृति ने माँग
है किसकी सँवारी,
कर रहा है कौन फिर शृंगार,
वीणा बोलती है;
छू गया है कौन मन के तार,
वीणा बोलती है!

लोक के भय ने भले ही रात
का हो भय मिटाया,
किस लगन ने रात-दिन का भेद
ही मन से हटाया,
कौन करता है खुले अभिसार,
वीणा बोलती है!
छू गया है कौन मन के तार,
वीणा बोलती है!

तू जिसे लेने चला था भूल-
कर अस्तित्व अपना,
तू जिसे लेने चला था बेच-
कर अपनत्व अपना;
दे गया है कौन वह उपहार,
वीणा बोलती है;
छू गया है कौन मन के तार,
वीणा बोलती है!

जो करुण विनती, मधुर मनुहार
से न कभी पिघलते,
टूटते कर, फूट जाते शीश
तिल भर भी न हिलते,
खुल कभी जाते स्वयं वे द्वार,
वीणा बोलती है;
छू गया है कौन मन के तार,
वीणा बोलती है!

भूल तू जा अब पुराना गीत
औ' गाथा पुरानी,
भूल तू जा अब दुःखों का राग
दुर्दिन की कहानी,
ले नया जीवन, नई झनकार,
वीणा बोलती है;
छू गया है कौन मन के तार,
वीणा बोलती है!

मुझे पुकार लो
कौन तुम हो
वेदना का गीत
तुम गा दो
जयमाल
लौटा लाओ
अभिसार के पल

पाँचवाँ रंग

1. मुझे पुकार लो

इसीलिए खड़ा रहा
कि तुम मुझे पुकार लो!

ज़मीन है न बोलती
न आसमान बोलता,
जहान देखकर मुझे
नहीं ज़बान खोलता,
नहीं जगह कहीं जहाँ
न अजनबी गिना गया,

कहाँ-कहाँ न फिर चुका
दिमाग़-दिल टटोलता,
कहाँ मनुष्य है कि जो
उमीद छोड़कर जिया,
इसीलिए अड़ा रहा
कि तुम मुझे पुकार लो!
इसीलिए खड़ा रहा
कि तुम मुझे पुकार लो!

तिमिर-समुद्र कर सकी
न पार नेत्र की तरी,
विनष्ट स्वप्न से लदी,
विषाद याद से भरी,
न कूल भूमि का मिला,
न कोर भोर की मिली,

न कट सकी, न घट सकी
विरह-घिरी विभावरी,
कहाँ मनुष्य है जिसे
कमी खली न प्यार की,
इसीलिए खड़ा रहा
कि तुम मुझे दुलार लो!
इसीलिए खड़ा रहा
कि तुम मुझे पुकार लो!

उजाड़ से लगा चुका
उमीद मैं बहार की,
निदाघ से उमीद की,
बसन्त के बयार की,
मरुस्थली मरीचिका
सुधामयी मुझे लगी,
अँगार से लगा चुका
उमीद मैं तुषार की
कहाँ मनुष्य है जिसे
न भूल शूल-सी गड़ी,
इसीलिए खड़ा रहा
कि भूल तुम सुधार लो!
इसीलिए खड़ा रहा कि तुम मुझे पुकार लो!
पुकार कर दुलार लो, दुलार कर सुधार लो!

2. कौन तुम हो

ले प्रलय की नींद सोया
जिन दृगों में था अँधेरा,
आज उनमें ज्योति बनकर
ला रही हो तुम सबेरा,

सृष्टि की पहली उषा की
यदि नहीं मुसकान तुम हो,
कौन तुम हो?

आज परिचय की मधुर
मुसकान दुनिया दे रही है,
आज सौ-सौ बात के
संकेत मुझसे ले रही है,
विश्व से मेरी अकेली
यदि नहीं पहचान तुम हो,
कौन तुम हो?

हाय किसकी थी कि मिट्टी
में मिला संसार मेरा,
हास किसका है कि फूलों–
सा खिला संसार मेरा,
नाश को देती चुनौती
यदि नहीं निर्माण तुम हो,
कौन तुम हो?

मैं पुरानी यादगारों
से विदा भी ले न पाया
था कि तुमने ला नए ही
लोक में मुझको बसाया,
जो नहीं उठकर ठहरता
यदि नहीं तूफ़ान तुम हो,
कौन तुम हो?

तुम किसी बुझती चिता की
जो लुकाठी खींच लाती
हो, उसी से ब्याह-मण्डप
के तले दीपक जलाती,

मृत्यु पर फिर-फिर विजय की
यदि नहीं दृढ़ आन तुम हो,
कौन तुम हो?

यह इशारे हैं कि जिन पर
काल ने भी चाल छोड़ी,
लौट मैं आया अगर तो
कौन-सी सौगन्ध तोड़ी,
सुन जिसे रुकना असम्भव
यदि नहीं आह्वान तुम हो,
कौन तुम हो?

कर परिश्रम कौन तुमको
आज तक अपना सका है,
खोज कर कोई तुम्हारा
कब पता भी पा सका है,

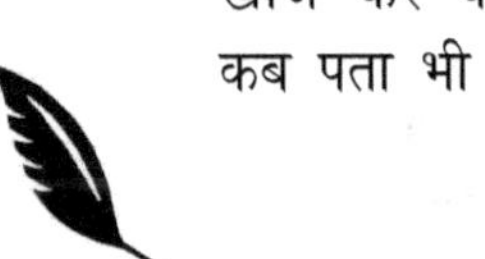

देवताओं की अनिश्चित
यदि नहीं वरदान तुम हो,
कौन तुम हो?

3. वेदना का गीत

वेदना का गीत गाकर
वेदना तुमने बँटा ली!
आज अपनी वेदना के
जबकि मैंने गीत गाए,
मन-विपंची के तुम्हारे
तार भी तन झनझनाए,
साथ मेरे मंद स्वर में
तान तुमने भी निकाली;

वेदना का गीत गाकर
वेदना तुमने बँटा ली!

आज मेरी वेदना दृग
में तुम्हारे छलछलाई,
आह की प्रतिध्वनि तुम्हें छू
पास मेरे लौट आई,
आज तो मैंने हृदय की
भावना साकार पा ली;
वेदना का गीत गाकर
वेदना तुमने बँटा ली!

प्राण प्राणों से गए मिल
क्या मिले दो कंठ के स्वर,
प्राण-प्राणों में गए घुल
क्या मिले आतुर अधर-कर
दी बना किसने उजाली
आज मेरी रात काली;
वेदना का गीत गाकर
वेदना तुमने बँटा ली!

जल रहा जिस अग्नि में था
एक युग से मैं निरन्तर,
दी बुझा तुमने उसे दो
बूँद आँसू की गिरा कर;
एक पल पहले जहाँ थे
साध के दाहक अँगारे,
तुम खड़ी हो उस जगह पर
दीप आशा के सँवारे,
किन ग्रहों ने है मिला दी
आज होली से दिवाली;
वेदना का गीत गाकर
वेदना तुमने बँटा ली!

4. तुम गा दो

तुम गा दो, मेरा गान अमर हो जाए!

मेरे वर्ण-वर्ण विश्रृंखल,
चरण-चरण भरमाए,
गूँज-गूँजकर मिटनेवाले
मैंने गीत बनाए;
कूक हो गई हूक गगन की
कोकिल के कंठों पर,
तुम गा दो, मेरा गान अमर हो जाए!

जब-जब जग ने कर फैलाए,
मैंने कोष लुटाया,
रंक हुआ मैं निज निधि खोकर
जगती ने क्या पाया!

भेंट न जिसमें मैं कुछ खोऊँ
पर तुम सब कुछ पाओ,
तुम ले लो, मेरा दान अमर हो जाए!
तुम गा दो, मेरा गान अमर हो जाए!

सुन्दर और असुन्दर जग में
मैंने क्या न सराहा,
इतनी ममतामय दुनिया में
मैं केवल अनचाहा;
देखूँ अब किसकी रुकती है
आ मुझपर अभिलाषा
तुम रख लो, मेरा मान अमर हो जाए!
तुम गा दो, मेरा गान अमर हो जाए!

दुख से जीवन बीता फिर भी
शेष अभी कुछ रहता,
जीवन की अन्तिम घड़ियों में
भी तुमसे यह कहता,
सुख की एक साँस पर होता
है अमरत्व निछावर
तुम छू दो, मेरा प्राण अमर हो जाए!
तुम गा दो, मेरा गान अमर हो जाए!

5. जयमाल

डाल दी मेरे गले में
आँसुओं की माल तुमने,
मोतियों की माल तुमने!
रात आधी खींच लाई
क्यों तुम्हें यों पास मेरे,
क्यों तुम्हें विचलित उठे कर
अश्रु औ' उच्छ्वास मेरे,
स्नेह के, संवेदना के,
मोह के, ममता, व्यथा के
तप्त आँसू से निमज्जित
कर लिए क्यों गाल तुमने?
डाल दी मेरे गले में
आँसुओं की माल तुमने,
मोतियों की माल तुमने!

धुल गया उन आँसुओं की
धार से दुर्भाग्य मेरा,
इस तरह जैसे कि काले
मेघ से आकाश घेरा,

वृष्टि होने से अचानक
खुल गया हो, खिल पड़ा हो,
और नव सौभाग्य से
चमका दिया फिर भाल तुमने!
डाल दी मेरे गले में
आँसुओं की माल तुमने,
मोतियों की माल तुमने!

विधि-विधानों को किया था
हारकर स्वीकार मैंने,
कर लिया था खूब अपने
आप को तैयार मैंने–
अब न चाहूँगा कि बदले
फिर कभी यह भाग्य मेरा;
कर्म-गति, मेरी प्रतिज्ञा
दी पलों में टाल तुमने!
डाल दी मेरे गले में
आँसुओं की माल तुमने,
मोतियों की माल तुमने!

काल था जैसे चलाता
उस तरह से चल रहा था,
अग्नि - पथ - आरूढ़ मेरा
प्राण - तन - मन जल रहा था,
आँसुओं में मुसकराकर,
मुसकराहट में विहँसकर
जलसिंचे पथ पर कुसुम-कलि-
मालिका दी डाल तुमने;
डाल दी मेरे गले में
आँसुओं की माल तुमने,
मोतियों की माल तुमने!

देखता था काल बस दो
बूँद गिरने का इशारा,
कर दिया अमृत गरल को
और बदला दृश्य सारा,
विष - विदग्ध अधर सुधा में,
हो गए सहसा विसुध-बुध,
कौन - सा आसव दिया दृग-
कोरकों से ढाल तुमने;
डाल दी मेरे गले में
आँसुओं की माल तुमने,
मोतियों की माल तुमने!

कर रहा था चन्द्र शीतल
रश्मियाँ तुमपर निछावर,
खोज करता था तुम्हारी
मत्त मलयानिल निरन्तर,
पाँव धोने को तुम्हारे
था तरसता सिन्धु का कर,
क्या समझ कर, किन्तु वर ली
एक पागल ज्वाल तुमने;
डाल दी मेरे गले में
आँसुओं की माल तुमने,
मोतियों की माल तुमने!

6. लौटा लाओ

कब कहता हूँ लौटा लाओ
मेरे जीवन की दीवाली,
जब होड़ चली थी लेने को
दिन से मेरी रजनी काली,

जब जगमग-जगमग करता था
मेरी हर आशा का दीपक,
जब घोर कुहू में भी छाई
थी मेरे चेहरे पर लाली;
कब कहता हूँ लौटा लाओ
मेरे जीवन की दीवाली;
मैं तो बस इतना कहता हूँ—
वह एक दीप लौटा लाओ,
जिसकी लघु वाड़व ज्वाला से
घबरा उठता तम का सागर!

कब कहता हूँ लौटा लाओ
मेरे जीवन के मधुवन को,
कब कहता हूँ लौटा लाओ
मधुऋतु के विकसे यौवन को,
मधु गंध भार से अलसाए
अलमस्त-चाल मलयानिल को,
मधुरस पीकर उन्मत्त हुए
भौंरे के गुन-गुन गुंजन को;
कब कहता हूँ लौटा लाओ
मेरे जीवन के मधुवन को,
मैं तो बस इतना कहता हूँ—
वह एक कली लौटा लाओ
जिसके सहसा हँस देने पर
लज्जा से गड़ जाता पतझर!

कब कहता हूँ लौटा लाओ
जीवन में मधु के सागर को,
कब कहता हूँ लौटा लाओ
मधुबालाओं की गागर को,
मधुभरी लबालब, लहराती
आतीं प्यालों की मालाएँ,

जो अधरों को सिंचित करके
शोषित करती थीं अन्तर को,
कब कहता हूँ लौटा लाओ
जीवन में मधु के सागर को,
मैं तो बस इतना कहता हूँ—
वह एक बूँद लौटा लाओ,
जो सुधामयी बन जाती है
गिरकर अधरों से अधरों पर!

7. अभिसार के पल

सुमुखि, ये अभिसार के पल,
चल करें अभिसार!
काल-सागर में न क्षण-कण
ये कहीं खो जाएँ,
आदि होते ही न इनका
अन्त भी हो जाय;
समय दुहराता नहीं यह
स्नेह का उपहार;
सुमुखि, ये अभिसार के पल,
चल करें अभिसार!

भूल थी मेरी कि वादा
कर लिया था और
एक युग से और था
मेरा तरीक़ा - तौर
किन्तु युग की भूल का है
एक क्षण प्रतिकार;
सुमुखि, ये अभिसार के पल,
चल करें अभिसार!

कर सकेंगी मानवों का
जो सदा कल्याण,
विश्व की उन हलचलों को
आयु मेरी दान,
कुछ पलों पर किन्तु एकाकी
मुझे अधिकार;
सुमुखि, ये अभिसार के पल,
चल करें अभिसार!

कल सुधारूँगा हुई
संसार में जो भूल,
कल उठाऊँगा भुजा
अन्याय के प्रतिकूल,
आज तो कह दो कि मेरा
बन्द शयनागार!
सुमुखि, ये अभिसार के पल,
चल करें अभिसार!

नया वर्ष

नव दर्शन

एक दाह

एक स्नेह

नवल प्रात

नूतन सृष्टि

नवीन उत्तरदायित्व

छठा रंग

1. नया वर्ष

वर्ष नव,
हर्ष नव,
जीवन उत्कर्ष नव।
नव उमंग,
नव तरंग,
जीवन का नव प्रसंग।
नवल चाह,
नवल राह,
जीवन का नव प्रवाह।

गीत नवल,
प्रीति नवल,
जीवन की रीति नवल,
जीवन की नीति नवल,
जीवन की जीत नवल!

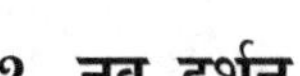

2. नव दर्शन

दर्श नवल,
स्पर्श नवल,
जीवन - आकर्ष नवल,
जीवन - आदर्श नवल,
वर्ण नवल
वेश नवल,

जीवन उन्मेष नवल
जीवन - सन्देश नवल।
प्राण नवल,
हृदय नवल,
जीवन की प्रणति नवल,
जीवन में प्रणय नवल।

3. एक दाह

दाह एक
आह एक
जीवन की त्राहि एक।
प्यास एक,
त्रास एक,
जीवन इतिहास एक।
आग एक,
राग एक,
जीवन का भाग एक।
तीर एक,
पीर एक,
नयनों में नीर एक,
जीवन – ज़ंजीर एक।

4. एक स्नेह

एक पलक
एक झलक,
दो मन में एक ललक।
एक पास,
एक पहर,
दो मन में एक लहर।

एक रात,
एक साथ,
दो मन में एक बात।
एक गेह,
एक देह,
दो मन में एक स्नेह।

5. नवल प्रात

नवल हास,
नवल बास,
जीवन की नवल साँस।
नवल अंग,
नवल रंग,
जीवन का नवल संग।
नवल साज,
नवल सेज,
जीवन में नवल तेज।
नवल नींद,
नवल प्रात,
जीवन का नव प्रभात,
कमल नवल किरण-स्नात।

6. नूतन सृष्टि

फुल्ल कमल,
गोद नवल,
मोद नवल,
गेह में विनोद नवल।
बाल नवल,

लाल नवल,
दीपक में ज्वाल नवल।
दूध नवल,
पूत नवल,
वंश में विभूति नवल।
नवल दृश्य,
नवल दृष्टि,
जीवन का नव भविष्य,
जीवन की नवल सृष्टि।

7. नवीन उत्तरदायित्व

कवि का आचार नवल,
कवि का व्यवहार नवल,
कवि का उद्‌गार नवल।
कवि का आधार नवल,
कवि का अधिकार नवल,

कवि का संसार नवल।
कवि का मन्तव्य नवल,
कवि का कर्तव्य नवल,
कवि का भवितव्य नवल।
कवि का व्यक्तित्व नवल,
कवि का अस्तित्व नवल,
उत्तरदायित्व नवल।

प्रेम

जग

जीवन

काल

कर्तव्य

साधना

विश्वास

सातवाँ रंग

1. प्रेम

भूल नहीं,
शूल नहीं,
चिन्ता की मूल नहीं।
चाल नहीं,
जाल नहीं,
दुर्दिन की माल नहीं।
पाप नहीं,
शाप नहीं,
संकट - संताप नहीं।
प्रेम अजर, प्रेम अमर
जो कुछ भी सुंदरतर
जगती में, जीवन में
लाता है मन्थन कर,
मन्थन से सिहर-सिहर
उठते हैं नारी-नर!

2. जग

कागद की,
नाव नहीं,
बालक – बहलाव नहीं।
बंदीघर
जेल नहीं,
दानवीय खेल नहीं।

नन्दन का
कुँज नहीं,
सुखमा-सुख पुँज नहीं।
दुनिया यह स्वर्ग-बेलि,
दुनिया यह स्वर्ग-बीज,
अश्रु-स्वेद लोहू से
जिसको जब सींच-सींच
मनुज बढ़ा लेता है,
अमृत फल देता है।

3. जीवन

छाया औ'
स्वप्न नहीं,
भ्रान्ति - भेद - मग्न नहीं।

काल की
तरंग नहीं,
एक मृत्यु व्यंग नहीं।
पागल की
गल्प नहीं,
अर्थ रहित जल्प नहीं।
मानव के अन्तर में
जो कुछ उत्तमतर है,
उसके अभिव्यंजन का
जीवन यह अवसर है,
सुखमय यह केवल जो
इस तप में तत्पर है।

4. काल

कल्प-कल्पान्तर मदांध समान,
काल, तुम चलते रहे अनजान,
आ गया जो भी तुम्हारे पास,
कर दिया तुमने उसे बस नाश।

मिटा क्या-क्या छू तुम्हारा हाथ,
यह किसी को भी नहीं है ज्ञात,
किन्तु अब तो मानवों की आँख
सजग प्रतिपल, घड़ी, वासर, पाख,

उल्लिखित प्रति पग तुम्हारी चाल,
उल्लिखित हर एक पल का हाल,
अब नहीं तुम प्रलय के जड़ दास,
अब तुम्हारा नाम है इतिहास!

ध्वंस की अब हो न शक्ति प्रचण्ड,
सभ्यता के वृद्धि-मापक दण्ड!
नाश के अब हो न गर्त महान,
प्रगतिमय संसार के सोपान!

तुम नहीं करते कभी कुछ नष्ट
जन्मती जिससे नहीं नव सृष्टि,
किन्तु यदि करते कभी बर्बाद
कुछ कि जो सुन्दर, सुमधुर, अनूप,

मानवों की चमत्कारी याद
है बनाती एक उसका रूप
और सुन्दर और मधुमय, पूत,
जानता है जो भविष्य न भूत,
सब समय रह वर्तमान समान
विश्व का करता सतत कल्याण!

5. कर्तव्य

देवि, गया है जोड़ा यह जो
मेरा और तुम्हारा नाता,
नहीं तुम्हारा मेरा केवल,
जग-जीवन से मेल कराता।

दुनिया अपनी, जीवन अपना,
सत्य, नहीं केवल मन-सपना;
मन-सपने-सा इसे बनाने
का, आओ, हम-तुम प्रण ठानें।

जैसी हमने पाई दुनिया,
आओ, उससे बेहतर छोड़ें,
शुचि-सुन्दरतर इसे बनाने
से मुँह अपना कभी न मोड़ें।

क्योंकि नहीं बस इससे नाता
जब तक जीवन-काल हमारा,
खेल, कूद, पढ़, बढ़ इसमें ही
रहने को है लाल हमारा।

6. साधना

मिल गया माँगा बहुत कुछ
पर कहाँ सन्तोष मन में,
दोष दुनिया का नहीं है
यदि कहीं तो, दोष मन में;
    पूर्ण अभिलाषा पुरानी
    आज भी लगने लगी है,

नवल स्वप्नों के लिए
भरने लगा है जोश मन में;
लालसाएँ ले यही
वरदान या अभिशाप आई–
एक फल दे, दूसरी नव अंकुरित हो।

देख सकता स्वप्न मैं इस
बात का है हर्ष मुझको,
मोह सकता आज भी जग
का नया उत्कर्ष मुझको,
कम नहीं देखी जगत की
निम्नता, कटुता, कुटिलता,
किन्तु अपनी ओर फिर भी
खींचते आदर्श मुझको,
जो कि जीने-योग्य, मरने-
योग्य जीवन को बनाते
अस्त जो होते नहीं मन में उदित हो।

रख चला आदर्श ऊँचा
है नहीं पछताव इसपर,
शक्तियाँ अपनी न जाँचीं
है नहीं इसका मुझे डर,
दूर अपने ध्येय से हूँ,
लाज इसकी भी नहीं है,
क्योंकि अपनी साधना में
हूँ रहा सब काल तत्पर,
और तत्पर ही रहूँगा
क्योंकि तुम हो साथ मेरे;
मैं अथक संघर्ष, तुम आशा अजित हो।
मैं अटल संकल्प, तुम श्रद्धा अमित हो!

7. विश्वास

पंथ जीवन का चुनौती
दे रहा है हर कदम पर,
आखिरी मंज़िल नहीं होती
कहीं भी दृष्टिगोचर,
धूलि से लद, स्वेद से सिंच
हो गई है देह भारी,
कौन-सा विश्वास मुझको
खींचता जाता निरन्तर?—
पंथ क्या, पथ की थकन क्या,
स्वेद कण क्या
दो नयन मेरी प्रतीक्षा में खड़े हैं।

एक भी सन्देश आशा
का नहीं देते सितारे,
प्रकृति ने मंगल शकुन पथ
में नहीं मेरे सँवारे,
विश्व का उत्साह वर्धक
शब्द भी मैंने सुना कब,
किन्तु बढ़ता जा रहा हूँ
लक्ष्य पर किसके सहारे?—
विश्व की अवहेलना क्या,
अपशकुन क्या,
दो नयन मेरी प्रतीक्षा में खड़े हैं।

चल रहा है पर पहुँचना
लक्ष्य पर इसका अनिश्चित,
कर्म कर भी कर्म फल से
यदि रहा यह पांथ वंचित,

विश्व तो उसपर हँसेगा
खूब भूला, खूब भटका!
किन्तु गा यह पंक्तियाँ दो
वह करेगा धैर्य संचित—
व्यर्थ जीवन, व्यर्थ जीवन की
लगन क्या,
दो नयन मेरी प्रतीक्षा में खड़े हैं !

अब नहीं उस पार का भी
भय मुझे कुछ भी सताता,
उस तरफ़ के लोक से भी
जुड़ चुका है एक नाता,
मैं उसे भूला नहीं तो
वह नहीं भूली मुझे भी,
मृत्यु-पथ पर भी बढ़ूँगा
मोद से यह गुनगुनाता—
अन्त यौवन, अन्त जीवन का,
मरण क्या,
दो नयन मेरी प्रतीक्षा में खड़े हैं !

परिशिष्ट-1

रचना की परिस्थिति

मेरी एक प्रिय कविता

हिन्दी की कितनी ही कविताएँ मुझे निरन्तर प्रोत्साहन देती रहती हैं। उनमें बन्धुवर बच्चन जी की एक कविता मुख्य है—''नीड़ का निर्माण फिर-फिर।'' उस कविता का इतिहास यहाँ दिया जाता है।

—बनारसीदास चतुर्वेदी

टीकमगढ़, वाया ललितपुर (एम. पी.)

प्रिय बच्चन जी,

वन्दे! यहाँ मैं उषाकालीन चाय के साथ सवेरे 4-30 बजे आपकी कविता 'नीड़ का निर्माण फिर-फिर' पढ़ रहा हूँ। उसका ब्लाक ही मैंने बनवा लिया था। उस ब्लाक को कोई महाशय उड़ा ले गए! इसलिए उस कविता के रिप्रिन्ट निकलवाकर बंटवाना मेरे लिए सम्भव नहीं रहा।

किस मुहूर्त में और किस परिस्थिति में आपने वह कविता लिखी थी, यह मैं जानना चाहता हूँ। यदि फुर्सत मिले तो इतना काम मेरे लिए कृपया कर दीजिए। एक प्रार्थना और भी है—लाल स्याही से एक बार फिर सम्पूर्ण कविता मेरे लिए लिख दीजिए ताकि मैं फिर उसका ब्लाक बनवा सकूँ।

आपकी बर्फ वाली कविता भी, जिसे आपने वल्लातोल कविवर को सुनाया था, मुझे बहुत रुची थी। उस दिन का लाल किले का कवि सम्मेलन मैं रेडियो पर सुन रहा था। 'मधुशाला' में अब भी ताज़गी है, यह मैंने अनुभव किया।

कभी आपको अवकाश हो तो मेरे इस स्वप्न को चरितार्थ होता हुआ देखने कुण्डेश्वर पधारिए।

विनीत

(ह.) **बनारसीदास**

विदेश मंत्रालय, नई दिल्ली

15-2-57

आदरणीय चतुर्वेदी जी,

आपका अ-तिथि पत्र मिला। धन्यवाद। मुझे यह जानकर बड़े गौरव का अनुभव हो रहा है कि मेरे एक गीत को आप अब भी गुनगुनाया करते हैं।

'नीड़ का निर्माण' बड़ी कौतूहलपूर्ण परिस्थितियों में लिखा गया था। बात है 1941 की। उन दिनों मैं कवि श्री सुमित्रानन्दन पन्त के साथ 8-ए बेली रोड, प्रयाग, में रहा करता था, जिसको पंतजी ने 'बसुधा' का नाम दिया था—बच्चन और सुमित्रानन्दन का धाम। उसकी विशेष चर्चा मैंने अपने 'हलाहल' की भूमिका में की है। पता नहीं, कभी आपको उसे देखने का अवसर मिला या नहीं। मेरी पत्नी का देहावसान हुए पाँच वर्ष के ऊपर हो गए थे। मेरे भावना-संसार की और भी मूर्तियाँ इस बीच ध्वस्त हो गई थीं। 'निशा-निमन्त्रण', 'एकान्त संगीत', 'आकुल अन्तर', में मेरी उन दिनों की मनःस्थिति के बहुत से चित्र मिलेंगे। पर अब जीवन मुझे फिर पुकार रहा था। वैसे नाश, विषाद और निराशा की घड़ियों में रोदन-क्रन्दन करते हुए भी मैं प्रकाश ही पाने को आतुर था, पर अब लग रहा था कि वह क्षण, वह ज्योति अपने आप ही न चली आएगी, उसे लाना होगा। इसके पूर्व मैं लिख चुका था—'जो बीत गई सो बात गई।' इसके बाद जो आनेवाला है या जिसको लाना है, उसका मैं स्वप्न देखने लगा।

प्रेरणा का आधार एक चिड़िया थी। 8-ए बेली रोड की छत खुली हुई थी। गरमी की रातों में मैं छत पर ही सोता था, गो मकान के आगे-पीछे भी खुली जगह थी। गरमी के दिनों में प्रयाग में आँधियाँ बहुत आती हैं। उस साल भी बहुत आईं। छत से डॉ. रंजन के कम्पाउण्ड में लगा एक युकलिप्टिस का पेड़ दिखाई देता था। 8-ए, बेली रोड का बंगला भी डॉ. रंजन का ही है और उनके बंगले से मिला है। इसे उन्होंने हम लोगों को किराये पर उठा रखा था। उस पेड़ की धुर ऊँचाई पर एक चिड़िया घोंसला बना रही थी। जब-जब आँधी आती उस घोंसले के तिनके-तिनके उड़ जाते और मैं देखता कि एक-दो रोज़ में वह फिर उस घोंसले को तैयार कर देती। फिर आँधी आती और वह फिर उड़ जाता और चिड़िया फिर घोंसला बनाती। अन्त में आँधी हारी और चिड़िया जीती। यह घटना मेरे गीत की मुख्य प्रेरणा थी। घोंसले का रूपक मुझे पहले भी प्रभावित कर चुका था। 'निशा निमन्त्रण' में मैंने लिखा था—'लुट गए मेरे सलोने नीड़ के तृण पात साथी!' अब मैंने लिखा, 'नीड़ का निर्माण फिर-फिर।'

डॉ. रंजन कविता के प्रेमी हैं। उसी समय कविता सुनाते हुए मैंने उसकी प्रेरणा की बात भी उनसे कही। बहुत खुश हुए। पर थोड़े दिनों के बाद ही अकस्मात् वह युकलिप्टिस का पेड़ सूख गया। डॉ. रंजन के मन में न जाने कैसे यह बात समा गई कि चूँकि मैंने उसे कविता का विषय बनाया था या उससे प्रेरणा ली थी, इसी कारण वह पेड़ सूख गया। उन्होंने बहाने से हमें थोड़े दिनों के लिए घर खाली कर देने को कहा और एक बार वहाँ से चले जाने पर हमें फिर वहाँ न रहने दिया। मैंने इधर-उधर सुना, उनको भय हो गया था कि किसी वृक्ष पर मेरे गीत लिख देने से ही वह सूख जाता है तो मेरा उनके बाग़ के आस-पास रहना खतरे की बात है। यदि मुझे दो-चार वर्ष रहने दिया गया तो उनका तो बाग़ ही वीरान हो जाएगा। उन दिनों मकानों की बड़ी किल्लत थी, मैंने उनसे बहुत कहा-सुना, पर हमें उन्होंने फिर अपने पास फटकने न दिया। युकलिप्टिस के सूखने का अफ़सोस तो मुझे भी बहुत हुआ, पर मेरे गीत और उसके सूखने के सम्बन्ध को मैं न समझ सका।

आशा है, इससे आपकी जिज्ञासा शान्त होगी।

तो आपको 'मधुशाला' में अब भी ताज़गी मिली। शराब तो जितनी पुरानी होती है, उतनी नशीली होती है। 'मधुशाला' की बढ़ती लोकप्रियता पर मैंने एक रुबाई लिखी है। शायद आपको पसन्द आए :

बहुतों के सिर चार दिनों तक
चढ़कर उतर गई हाला,
बहुतों के हाथों में दो दिन
छलक झलक रीता प्याला,

पर बढ़ती तासीर सुरा की
साथ समय के, इससे ही,
और पुरानी होकर मेरी
और नशीली 'मधुशाला'।

समाप्त करता हूँ। आज्ञानुसार 'नीड़ का निर्माण' लाल स्याही से लिखकर भेज रहा हूँ।

सप्रणाम।

विनीत

बच्चन

परिशिष्ट-2

डॉ. हरिवंशराय 'बच्चन'
एम.ए., पी-एच.डी. (कैन्टब)

विदेश मन्त्रालय
नई दिल्ली
19-7-61

प्रिय श्री,

'सहयोगी' नियमित रूप से मिल रहा है, बहुत आभारी हूँ। मैं उसे रुचि से पढ़ता हूँ। पिछले सप्ताह आपने मेरी 'सतरंगिनी' की प्रसिद्ध कविता 'मयूरी, नाच, मगन-मन नाच' की पैरोडी श्री 'मन्थरानन्दन' द्वारा लिखित प्रकाशित की थी। पढ़कर मेरा मनोविनोद हुआ। पैरोडी जानी-मानी कविताओं की ही लिखी जाती है। शायद आपको ज्ञात होगा कि रेडियो विभाग ने कई वर्ष हुए इसे संगीतबद्ध कराया था और अब भी इसे यथावसर प्रसारित किया जाता है। मुझे ज्ञात नहीं कि कभी आपको सुनने का मौका मिला या नहीं। इसका बंगला अनुवाद भी हो चुका है और कलकत्ता रेडियो से भी उसे संगीतबद्ध करके प्रसारित किया जाता है। मैंने पैरोडीकार को एक पत्र लिखकर उनके प्रति आभार प्रकट किया था कि उन्होंने इस रूप में भी लोगों को ध्यान इस कविता की ओर आकृष्ट किया। गम्भीर भावों की प्रतिक्रिया तुरन्त होती है। दुनिया ज़्यादा समय तक गम्भीरता का भार नहीं उठा सकती। वह हंस-खेलकर उस भार को हल्का करना चाहती है। यही कारण है कि कवि सम्मेलनों में गम्भीर कविताओं के साथ हलकी-फुलकी कविताएँ रुचि से सुनी जाती हैं। पैरोडी का यदि ऐसा ही कुछ ध्येय होता, तो यह बिल्कुल स्वाभाविक और अपने स्थान पर ठीक होता, पर इस अंक में अक्षम्य त्रुटियों के परिमार्जनार्थ 'हिन्दी में चिन्दी' स्तम्भ में मेरी उक्त कविता के विषय में जो लिखा गया है या जो 'निकषक' में कहा गया है, उससे मुझे पता लगता है कि मेरी 'मयूरी' कविता

से कुछ लोगों में वास्तविक असन्तोष है। वह असन्तोष पहले उस पैरोडी के रूप में व्यक्त हुआ है और अब उस गद्य लेख में।

मैंने आज तक अपनी कविता के विषय में कभी सफ़ाई नहीं पेश की, क्योंकि मुझे अपने पाठकों-श्रोताओं की भाव-प्रवणता में विश्वास रहा है। आज भी मेरा विश्वास है कि मेरे प्रेमी 'मूयरी' को उसी भाव-बोध से समझते हैं जिससे मैंने उसकी रचना की थी, मेरी अन्य रचनाओं के समान, पर मुझे लगता है कि मन्थरानन्दन, 'निकषक' के सदस्य, श्री वागीश जी और सम्भवतः आप भी उस कविता के सम्बन्ध में बहुत संकुचित दृष्टि रख रहे हैं, ग़लत दृष्टि रख रहे हैं और, मेरे प्रति नहीं, तो कम से कम, उस रचना के प्रति अन्याय कर रहे हैं। चूँकि इस लेख से औरों के भी बहक जाने की आशंका है, इसलिए मैं अपना मन्तव्य किसी समय एक लेख में व्यक्त करने का प्रयत्न करूँगा। तब तक आपसे प्रार्थना करूँगा कि इस कविता को ठीक से देखने-समझने की कृपा करें—उसमें उतना ही नहीं है, जिसे देखकर आपने उसके ख़िलाफ़ फ़तवा दे दिया है।

पत्र समाप्त करने के पूर्व मैं आपको, श्री वागीश जी को और 'निकषक' के सदस्यों को धन्यवाद देना चाहूँगा कि वे मुझे किसी भी तरह से कभी-कभी स्मरण तो करते हैं। मेरे सम्बन्ध में जो प्रशंसात्मक शब्द कहे गए हैं, उनके लिए फिर भी आभार प्रकट करता हूँ। यदि मेरे पत्र में कुछ अप्रिय हो तो उसके लिए मुझे खेद है और मैं क्षमाप्रार्थी हूँ।

भवदीय

बच्चन

पुनश्च,

क्या यह सम्भव होगा कि इस पत्र से श्री वागीश शास्त्री तथा 'निकषक' के सदस्यों को भी अवगत करा दें?

सहयोगी साप्ताहिक

कानपुर

25-7-61

आदरणीय बच्चन जी,

आपका कृपा-पत्र पहले 'पैरोडी' लिखने के लिए साधुवाद के रूप में मिला था। दूसरा पत्र श्री गोपीनाथ गुप्त (सम्पादक सहयोगी) के नाम से भी। मैं आपसे

स्पष्ट कर दूँ कि मन्थरानन्दन और वागीश दोनों मैं ही हूँ। मेरी आपके प्रति वस्तुतः अगाध श्रद्धा है, मुझे आपका पत्र पढ़कर बहुत कष्ट हुआ, क्योंकि आपने लिखा है कि यह सब आपके पाठकों व श्रोताओं को बहकाने के उद्देश्य से किया गया है। मेरी यह धारणा कदापि नहीं है, मैंने तो पैरोडी इसलिए लिखी थी कि वह कविता मुझे अच्छी लगी। आलोचना के रूप में ('हिन्दी में चिन्दी' में) जो लिखा वह अलग की बात है, उससे पाठकों का ज्ञानवर्द्धन होता है तथा उस आलोचना के फलस्वरूप आपका जो उत्तर प्राप्त होगा, वह निश्चित ही पाठकों के लिए और भी अधिक कल्याणकारी सिद्ध होगा। यदि आपकी आज्ञा हो, तो आपके पत्र को ज्यों का त्यों प्रकाशित कर दूँ। आप उसके उत्तर में जो लेख भेजेंगे वह देश के अनेक लेखकों का उपकार करेगा, ऐसा विश्वास है। क्या मैं आशा करूँ कि आप मुझसे रुष्ट नहीं हैं, क्योंकि मुझे तो प्रति सप्ताह कुछ न कुछ लिखना ही होता है। आप पर भी लिख दिया तो क्या हुआ, आप तो उसका उत्तर देकर परिमार्जन कर ही लेंगे।

आपका अपना ही

वागीश शास्त्री

डॉ. हरिवंशराय 'बच्चन'
एम.ए., पी-एच.डी. (कैन्टब)

विदेश मन्त्रालय
नई दिल्ली
26-7-61

प्यारे भाई,

25-7-61 के पत्र के लिए धन्यवाद। आपकी जो सद्भावना मेरे लिए है, उसके लिए आभारी हूँ। जहाँ तक मुझे याद है, मैंने यह नहीं लिखा था कि मेरे पाठकों को बहकाने के उद्देश्य से आपने लिखा है, बल्कि यह कि ऐसे लेखों से अन्य पाठकों के भी बहकने का अन्देशा है। अगर पहले कुछ असावधानी मुझसे हो गई हो तो उसका परिष्कार इन पंक्तियों से कर लें :

'सहयोगी' में 'हिन्दी में चिन्दी' को मैं ध्यान से पढ़ता हूँ, बहुत कुछ सीखता भी हूँ—उससे लोग लिखते समय सतर्क रहेंगे। 'कादम्बिनी' में शुद्धोदन लिखित 'भाषा की भूलें' शीर्षक से ऐसे ही संशोधन छपते हैं। कुछ दिन पहले 'कल्पना' में 'यह है हमारी हिन्दी' शीर्षक से इसी तरह की चीज़ें छपती थीं। विस्तृत लेख

मैं नहीं लिख सका। यदि आप समझते हैं कि पत्र से कुछ दूसरी तरह लोग सोचना आरम्भ कर सकते हैं तो आप उसे छाप सकते हैं।

रुष्ट आपसे पहले भी नहीं था, अब भी नहीं हूँ। इस बात का खेद होना कवि के लिए स्वाभाविक होता है कि उसे ग़लत समझा जा रहा है। 'मयूरी' के नाचने न नाचने से उस कविता का दूर का भी सम्बन्ध नहीं है।

सप्रेम

बच्चन

❑ ❑ ❑

www.ingramcontent.com/pod-product-compliance
Lightning Source LLC
LaVergne TN
LVHW012136060726
842759LV00027B/656

* 9 7 8 8 1 7 0 2 8 7 9 7 1 *